Jesus maria
Joseph

DESCRIPTION DE LA FRANCE,

ET DE SES PROVINCES, Où il est traitté de leurs Noms anciens & nouueaux, Degrés, Estenduë, Figure, Voisinage, Diuision &c.

AVECQVE LES OBSERVATIONS, de toutes les Places, qui ont quelque Prerogatiue ou quelque Particularité, comme, Villes capitales, Eueschez, Parlemens, Generalitez & Eslections: Forteresses, & Belles Maisons ; Principautez, Duchez, Marquisats, Comtez & Seigneuries considerables, Champs de Bataille &c.

Par P. DVVAL d. Abbeuille *Geographe Ordinaire du Roy.*

A PARIS,

Chez IEAN DV PVIS ruë S. Iacques à la Couronne d'or.

M. DC. LXIII.

A

MADEMOISELLE

MADEMOISELLE
DE BELLENAVE,
DAME
DE PIERRE-BRVNE,
DE LONZAT, AZY, LASSEY,
BILLY, & autres Lieux.

ADEMOISELLE,

Lorsque j'eus l'honneur de
ã

EPISTRE.

vous presenter à Fresne ma Carte de FRANCE, vous me témoignastes qu'il ne seroit pas mal que ie l'expliquasse par quelques Ecrits. Depuis ce temps, i'y ay travaillé; & comme la penseé que Vous eustes pour ce petit Ouvrage est l'Occasiõ qui luy a fait voir le iour, i'ay aussi tâché de le dresser sur le Plan que Vous-mesmes m'en donnastes dans l'vne de nos dernieres Conversations de GEOGRAPHIE. Ce que ie vous offre, MADEMOISELLE est donc vne Piece de vostre Dessein, & qui est plus vostre qu'elle n'est mien-

EPISTRE.

ne. J'en ay voulu faire vne confession publique pour ne Vous rien dérober de la Gloire qu'il y a en vne Personne de vostre Sexe, de vostre Naissance & de vostre âge, a entendre plus parfaitement mon Mestier que moy-mesme. Ie laisse à de bons Historiens à parler de vostre Application pour la connoissance de toutes les belles choses, où vous reüssisses admirablement. Pour moy, MADEMOISELLE, qui ay seulement voulu païer vne debte par vn aveu fait ingenument, ie croiray avoir satis-

EPISTRE.

fait à ma Passion, quand ie vous diray que ie suis avec toute sorte d'Estime & de Respect,

MADEMOISELLE,

Vostre Tres-Humble, Tres-Obeïssant & Tres-Obligé Serviteur P. DV-VAL, Geographe Ordinaire du Roy.

TABLE
DES PROVINCES.

Angoumois,	Page 126.
Anjou,	p. 119
Auvergne,	p. 146
Bearn,	p. 160
Beauce,	p. 104
Berri,	p. 129
Bourbonnois,	p. 155
Bourgogne,	p. 134
Bresse,	p. 139
Bretagne,	p. 89
Champagne,	p. 79
Cevennes,	p. 206
Dauphiné,	p. 210
Gascogne,	p. 164
Güienne,	p. 174
Isle de France,	p. 71
Languedoc,	p. 194
Limosin,	p. 185
Lyonnois,	p. 142

Maine, p. 98
Marche, p. 158
Nivernois, p. 111
Normandie, p. 61
Perche, p. 101
Perigord, p. 182
Picardie, p. 51
Poictou, p. 122
Provence, p. 218
Querci, p. 187
Roüergue, p. 191
Saintonge, p. 178
Touraine, p. 115

Cette Table est seulement des grandes Prouinces de la France; si l'Autheur eut eu dessein d'en faire vue de tous les petits Pays & de toutes les Places mentionnées en cette Description, il eut esté obligé de faire la Table aussi grosse que le Livre.

POVR SATISFAIRE

à ceux qui aiment l'ordre Geographique & pour remplir cette Page, voicy vne Table suiuant le 12. grands Gouuernemens de la France, qui furent assemblés en la tenuë des Estats Généraux du Royaume, l'An 1614. auec leurs Villes Capitales.

IV. Grands Gouuernements vers le Septemtrion.

Picardie, *Amiens.*
Normandie, *Roüen.*
Isle de France, *Paris.*
Champagne, *Troyes.*

IV. Grands Gouuernements vers le milieu.

Bretagne ; *Rennes.*

Orleanois
{ Maine *le-Mans.*
Perche *Nogent-le-Rotrou.*
Beauce *Orleans.*
Nivernois *Nevers.*
Touraine *Tours.*
Aniou *Angers.*
Poictou *Poictiers.*
Angoumois *Angoulesme.*
Berri *Bourges.* }

Bourgogne { Bourgogne *Dijon.*
Bresse *Bourg-en-Bresse.* }

Lyonnois { Lyonnois *Lyon.*
Auvergne *Clermont.*
Bourbonnois *Moulins.*
Marche *Güeret.* }

IV. Grands Gouuernements, vers le Midy.

Güienne
- Bearn *Pau.*
- Gascogne *Auch.*
- Guienne *Bourdeaux*
- Saintonge *Saintes.*
- Perigort *Perigueux.*
- Limosin *Limoges.*
- Querci *Cahors.*
- Roüergue *Rodez.*

Languedoc
- Languedoc *Toulouse.*
- Cevennes *Viviers.*

Dauphiné *Grenoble.*
Provence *Aix.*

EXTRAIT
du Privilege du Roy.

PAr Grace & Privilege du Roy donné à Paris le 27. iour de Mars 1651. Signé, par le Roy en son Conseil DE COMBES. Il est permis à PIERRE DV-VAL Geographe de sa Majesté, de faire imprimer. *La Description de la France & de ses Provinces, où il est traitté de leurs Noms Anciens & Nouueaux, Degrés, Estendüe, Figure, Voisinage, Division, &c.* Etce pendant le temps & espace de vingt Années, à conter du iour que ledit Ouvrage sera achevé d'estre imprimé pour la premiere fois : Pendant lesquelles, tres expresses defenses sont faites à toutes personnes de quelque condition & qualité qu'ils soient de contrefaire ladite Description, ny d'en vendre sans le consentement dudit DV-VAL, à peine de trois mil liures d'amende ; comme il est plus amplement porté par les Lettres Patentes dudit Privilege, qui sont en vertu du present Extrait tenües pour deuëment signifiées.

Acheué d'imprimer pour la premiere fois le 15. de Mars 1658.

DESCRIPTION

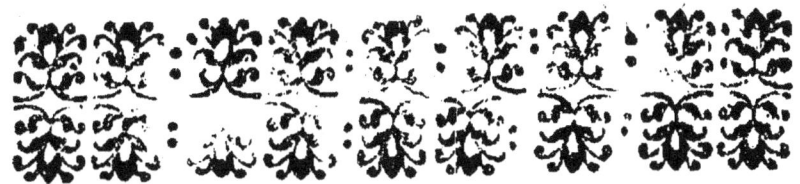

ADVERTISEMENT.

CETTE Description, est pour l'Intelligence de la Carte de France. Les Lieües dont il y est fait mention sont Lieuës Françoises chacune de 2500 Pas Geometriques. La Diuision des Prouinces en Hautes & en Basses Parties y est considerée suiuant le Cours des Riuieres. Ce qu'Elle nomme Leuant d'Esté est la Region du Monde qui se trouue entre le Septemtrion & l'Orient: son Leuant d'Hyuer est entre l'Orient & le Midy: son Couchant d'Esté entre le Septemtrion & l'Occident, & son Couchant d'Hyuer entre l'Occident & le Midy. Il n'y est pas fait mention de toutes les places qui ressortissent aux Eueschés,

4

aux Parlements & aux Generalitez: Elles se trouuent dans les differentes Diuisions de la Carte qui font voir les Iuridictions de l'Eglise, de la Iustice & des Finances.

DESCRIPTION
DE LA FRANCE.

LE Nom & la Monarchie de la *France* sont également Anciens. Tous deux ont commencé en Alemagne enuiron le temps que Diocletian gouuernoit l'Empire, & que les Gots, les Bourguignons, les Alains, les Huns, & quelques autres Nations Septemtrionales se preualoient de la decadence des affaires de Rome. Entre les Autheurs qui ont traité du Nom de *France* la pluspart veulent qu'il ait esté donné par les Peuples de la Germanie appellés Francs, mais les vns disent que ces Peuples sont venus des enuirons des Palus Meotides, & les autres asseurent que leur premiere demeure auoit esté en Gaule où les Romains ne les auoient pû souffrir. On dit encor que ce Nom est venu de la naturelle Franchise du Pays qui ne reçoit point d'Esclaues. Si ces raisons ne sont asses fortes pour monstrer son Origine, il est difficile d'en rien dire de certain. Car de l'attribuer à Francus Troien dont les Fables font descendre les François, ce seroit vne méprise aussi ridicule que de prendre ces Fables pour des Histoires. Au reste il est si connu chez les autres Nations que ceux des Europeens qui veulent estre les bien venus en Asie, portent tous le Nom de *Francs* Les Turcs mesme & plusieurs des Leuantins appellent generalement de ce Nom ceux qui font profession de la Religion Catholique. Les Indiens Orientaux ayant connus Sous le Nom de *Rumes* & de *Romains* les Mamelus qui vinrent au secours des Roys de Cambaye & de Calecut, ils appellerent *Francs* les Portugais, les Egyptiens, & les autres Peuples Occidentaux à cause des progrés des Armes Françoises en la Terre Sainte & en Egypte dont la renommée estoit paruenuë iusqu'à eux.

Autrefois le Pays fut connû sous le Nom de *Gaule* & ses Peuples sous celuy de *Gaulois*. Vn Autheur en fait venir l'Etymologie de *Gai-luy* ancien mot qui signifie Peuple complaisant. Depuis la venuë des François les Habitans ont esté appellés par quelques vns *Francs-Gaulois*.

La Gaule s'estendoit lors jusques à la Riuiere du Rhin; & bien qu'en cet endroit quelques Estats reconnoissent aujourd'huy d'autres Souuerains que le Roy, neantmoins nos Monarques ont porté leurs Armes auec autant de bonheur que de Iustice au dela des bornes que ce grand Fleuue sembloit vouloir leur prescrire. *Brisach* & *Philisbourg* y obeyssent à leur Couronne & en deça de cette mesme Riuiere la meilleure partie de *l'Alsace* leur a esté cedée par la paix de Munster. Les *Païs-Bas Catholiques, la Lorraine, le Comté de Bourgogne, la Suisse, la Savoye,* & vne partie de *l'Alema-*

A iiii

gne occupent aujourd'huy ce qui reste entre la France & le Rhin. Le *Comté de Roussillon* vers le Midy, à pareillement fait partie de la Gaule, qui lor estoit separée de l'Espagne comme à present par les Monts Pyrenées; les Alpes luy seruants de bornes du costé de l'Italie, & les Mers Oceane & Mediterranée en ses autres parties. Le Nom de *Celtes* est encor plus ancien que celuy de Gaulois: On le veut faire venir peu apres les premiers Enfans de Noë, & lors que des quatre principales Nations du Monde les Ethiopiens, les Indiens, les Scythes & les Celtes, on mettoit ceux cy en la partie Occidentale de nostre Continent ou plustost en l'Europe. Ces celtes ont neantmoins preualu en nostre Gaule. Le Nom de *Galatie* luy a pareillement esté donné, bien qu'il ait esté plus commun pour vne Prouince de l'Asie Mineure & qu'il n'ait esté gueres en vsage que parmy les Grecs. Quant à l'origine de ce dernier Nom il nous importe peu de sçauoir si le Pays l'a receu à cause de la blancheur de ſes Peuples d'vn mot Grec qui ſignifie du Lait, ou bien à cauſe de Galatée fille d'Hercule, ou de Galatée Mere de Celtus, ou de Gallus fils de Poliphemus. Du temps de Tarquinius Priſcus V. Roy des Romains, la Gaule dont le nom eſtoit lors plus commun qu'auparauant fut diuiſée, ſuiuant ſon Aſſiete en *Tranſalpine* ou *Vlterieure*, & *Ciſalpine* ou *Citerieure* à l'égard de Rome: la Trans-Alpine eſtoit contenuë entre *les Alpes, les deux Mers, le Rhin, les Pyrenées*: & la Cis-Alpine entre les Alpes, l'Appennin, le petit fleuue *Rubicon* aujourd'huy Piſatello en la Romagne, & la Mer Adriatique ou Golfe de Veniſe: la Riuiere d'*Æſis* aujourd'huy Fiumeſino en la Marche d'Ancone a quelquefois ſeruy de bornes au lieu du Rubicon.

A cauſe de la diuerſité des Habits & de la façon des Peuples, la Gaule a eſté diuiſée en *Cheuelue*, *Porte-Braye*, & *Togée* ou Veſtue de long. Pour vne raiſon aſſez ſéblable Les Hurons Peuples du Canada ont eu leur nom d'vne Cheuelure qu'ils portent en forme de Hure, & les Lombards, selon quelques Autheurs ont esté ainsi appellés de leurs longues Barbes, de mesme que les Grisons de leurs habillements gris. La Gaule Togée correspondoit à la Cis-Alpine, nous l'appellons aujourd'huy Lombardie. La Porte-Braye comprenoit le Languedoc, la Prouence, le Daufiné & la Sauoye ; la Cheueluë occupoit le reste de la Gaule Trans-Alpine. Iules-Cesar en fit trois grades Prouinces, *Aquitaine, Celtique & Belgique*, outre la Prouince des Romains qui leur estoit desja sousmise sous le nom de Prouince Vlterieure. Il ne faisoit pas lors mention de la Gaule Togée que les Romains appelloient leur Prouince Citerieure & qu'il diuiserent en deux Parties deça & de là le Po. Auguste & ses Successeurs firent iusqu'à 17. Prouinces de toute la Gaule Trans-Alpine. Entre ces Prouinces il y en eut sept d'vne principale appellation, la *Lyonnoise*, la *Belgique*, la *Germanique*, la *Viennoise*, celle des *Alpes*, la

Narbonoise & *l'Aquitaine*: il y eut cinq Lyonnoises, deux Belgiques, deux Germaniques, deux Viennoises, deux des Alpes, vne Narbonoise, & trois Aquitaines. A ces dix-sept Prouinces Romaines on peut aujourd'huy rapporter les Prouinces Ecclesiastiques, les Archeueschés auec leur Suffragans correspondans aux Prouinces anciennes, & les Eueschés particuliers corespódans aux Peuples Anciés. Plusieurs Villes y ót eu trois sortes de Nós, le premier des Gaulois, le secód des Romains & le troisiésme des Peuples d'alentour. Sous les Enfans du Roy Clovis, la France fut partagée en 4. Royaumes. Les Villes seiours des Roys estoient, *Paris, Soissons, Orleans* & *Mets*. Apres Charle-magne il fut fait mention de la *France Occidentale* ou *Neustrie* & de la *France Orientale* ou *Austrasie*, celle cy estoit entre le Rhin, les Alpes, le Rhosne, la Saone & la Meuse. La Neustrie s'estendoit iusqu'à la Loire. Le Royaume d'Aquitaine & celuy de Bourgogne ou d'Arles auoiét aussi leur Princes particuliers.

A vj

Le Royaume de France est Hereditaire de Pere en Fils & a faute de Fils, au plus proche Enfant Masle: il ne tombe iamais en quenoüille suiuant la Loy Salique. Par ce moyen il s'est maintenu dans la suitte de 65. Monarques fournis par les Trois Races Royales de Merouée, de Charlemagne & de Hugues Capet. Il s'est desia passé 1238. Années depuis son commencement sous Pharamond l'An 420. iusqu'auiourd'huy 1658. Il a eu 22. Roys de la Race des Merouingiens en 327. Ans. Il en a eu 13. de la Race des Carlouingiens en 235. Ans & celle des Capeuingiens luy en a donné 30. en 675. Ans. Cette Maison de Hugues Capet a fourni plusieurs autres Roys à diuers Royaumes. Elle en a donné 16. à la Sicile, Naples & Ierusalem. 10 à la Nauarre. 23 au Portugal. 5 à la Hongrie, quelques-vns à la Pologne, à l'Escosse & à l'Arragon. Comme aussi 8. Empereurs de Constantinople. L'an 1380. l'on y contoit plus de 15. Branches de Princes du Sang: & 7. Monarques tous ensemble dans l'Europe, Cinq Regnans & deux Titulaires Charles V. en France, Charles II. en Nauarre, Louys le Grād en Hōgrie & en Pologne. Louys dit de Tarente à Naples. Pierre en Portugal. Louys II. Duc de Bourbon estoit Roy titulaire de Thessalonique, & Robert Prince da Tarante estoit Empereur titulaire de Cōstantinople. La Maison Royale de Bourbon, & le Roy heureusement regnant Louys Dieu donné XIV. du nō tirent leur Origine de la Race de Hugues Capet. Cinq Roys de France de la seconde Race ont esté Empereurs, & les Roys de cette Race principalement ont introduit la coustume de se faire oindre d'Huile Sacrée. Les Armes de nos Roys sont d'Azur à trois Fleurs de Lys d'Or depuis Charles VI. car auparauant elles estoient d'Azur semées de Fleurs de Lys d'Or sans nombre; & l'an 1381. ce Roy les reduisit à trois de ces fleurs, deux en Chef & vne en Pointe. Le Fils Aisné du Roy est appellé Dauphin: Il est l'Heritier presomptif du Royaume de cette sorte le

Titre de Roy des Romains est vn acheminement à l'Empire, & celuy de Prince est la qualité des Aisnés des Roys en d'autres Royaumes. *Asturie* en Espagne, *Galles* en Angleterre, *Fionie* en Danemarq, & *Ieroslau* en Moscouie, sont les titres des Fils Aisnés des Souuerains; comme autrefois *Viane* pour la Nauarre, *Girone* en Catalogne pour l'Arragon, & *Salerne* pour le Royaume de Naples. Le second Fils de France est d'ordinaire Duc d'Orleans, le troisiesme Duc d'Aniou, le quatriesme Duc d'Alencon, le cinquiesme Duc de Berri, le sixiesme Comte d'Eureux Si nous voulós obseruer les Faits des Habitans nous trouuerós que les Anciens Celtes ont remporté plusieurs victoires en Espagne, en Italie, en Germanie, en Illyrique, en Grece & en Asie, que les Gaulois ont donné de l'exercice aux Romains & aux Grecs, & que les François ont fait des conquestes bien considerables en *Asie* & en *Afrique*: *Ierusalem*, *Constantinople*, & d'autres Villes ayant reconnu leurs Armes &

la meilleure partie d'*Espagne*, d'*Italie*, & d'*Alemagne* ayant esté de leur Empire. Ils pretendent auiourd'huy sur le Espagnols la Castille, l'Arragon, la Catalogne, le Royaume de Naples, la Sicile, le Milanez, la Flandre & l'Artois. Ils ont glorieusement repris le Roussillon & la meilleure partie de l'Artois pendāt ces dernieres guerres. Il ne se sont pas maintenu dans les autres Prouinces preferant l'agreable seiour de leur Patrie à la conseruation des Terres estrangeres & éloignées pour la pluspart. Ils ont à la verité eu quelques trauerses. Ils ont souuent veu leurs voisins se liguer contr'eux, & fomenter des diuisions dans le Royaume, mais ils n'ont iamais tombé sous la domination estrangere, & il semble que Dieu ait tousiours voulu proteger vn Royaume dont les Monarques ont de tout temps esté zelés pour la Religion Catholique. Le Roy a tiltre de *Tres-Chrestien* & de *Fils Aisné de l'Eglise*, autant pour l'Antiquité du Christianisme en ses Estats, comme pour les assistances que ses

Predeceſſeurs ont rendu au S. Siege. Ces braues Monarques ont pluſieurs fois paſſé les Alpes pour defendre l'IEgliſe lors que les autres Princes l'ont attaquée. Pour ces grands ſeruices & pour les belles victoires qu'ils ont remportées ſur les Sarrazins & ſur les Turcs, ils ont eſté appellés *Protecteurs & Defenſeurs de la Foy Catholique,* du S. Siege & des Souuerains Pontifes, *Pieux, Auguſtes, Grands, Sages, Bons, Hardis, Victorieux, Peres du peuple Iuſtes, Dieu donés:* &c. Le Iour de leur Sacre ils ont droit d'aller eux meſmes prendre l'Eſpée ſur l'Autel, de ſorte que leur Couróne eſt vne Couronne de Gloire & de Liberté, independante de tout autre que de Dieu. Le Roy eſt Empereur en ſon Royaume: Il a la preſeance ſur tous les autres Princes Chreſtiés à la reſerue de l'Empereur: le Roy d'Eſpagne luy a ſouuent voulu diſputer ce Rang mais ſans ſuccez, auſſi bié que ſans fondemét. Le Pape S. Gregoire le Gràd qui viuoit l'an 600. a dit que le Roy de France eſtoit auſſi Eminent ſur les autres Roys que chaque Roy ſur ſes

Suiets. Il est le premier, le plus Noble & le plus Ancien de l'Europe. le Pape Gregoire IX. ayant offert l'Empire d'Alemagne à Robert Comte d'Artois frere du Roy S. Louys, sa Maiesté remit cet affaire à son Conseil où il fut dit, que le Roy ayant succedé au Gouuernement de son Estat Souuerain par la legitime Ligne du Sang Royal, estoit plus excellent que tout Roy & Empereur qui dependoit d'vne Election volontaire; & qu'il suffisoit au Comte d'Artois d'estre Frere d'vn si puissant Monarque.

Par vn auantage particulier nos Roys sont Oints d'Huile Celeste: & par vn miracle continuel ils guerissent ceux qui sont affligés du mal des Ecroüelles.

La Religion Catholique est auiourd'huy en France à vn des hauts points qu'on puisse souhaitter, bien que sans la contrainte d'vne rigoureuse Inquisition : la Pretendue Reformée y est tolerée pour plusieurs raisons depuis l'An 1561. Le Royaume est composé de 3. Ordres ou Estats qui font, le *Clergé*, la *Noblesse* & le *Tiers-Estat*. Le Clergé manie ce qui est du Spirituel, la Noblesse ce qui est de la Guerre, & le Tiers-Estat ce qui est de la Iustice, de la Police & du Trafic: Ceux de la Iustice pretendent auiourd'huy faire vn Corps à part. Les Prelats font le plus considerable Corps du Clergé, les Princes & les Seigneurs font celuy de la Noblesse, & plusieurs Officiers font celuy du Tiers-Estat. Le Nombre des Pairs de France n'estoit autrefois que de douze.

L'Archeuesque & Duc de Reims.	
L'Euesque & Duc de Laon.	
L'Euesque & Duc de Langres.	Ecclesiastiques.
L'Euesque & Comte de Beauuais.	
L'Euesque & Comte de Noyon.	
L'Euesque & Comte de Chaalons en Champagne.	
Le Duc de Bourgogne	
Le Duc de Guyenne	
Le Duc de Normandie	Laicqs.

Le Comte de Toulouse
Le Comte de Champagne
Le Comte de Flandres

l'Institution de ces douze Pairs est attribuée par quelques vns à Charlemagne, & par d'autres à Hugues Capet. Ils ont chacun leur fonction particuliere. Les six Pairs Ecclesiastiques n'ont reçeu aucun changement ny en leur Nombre, ny en leur Titres. Mais auiourd'huy en la Ceremonie du Sacre des Roys, les six Pairs Laicqs sont representés par autant de Princes ou Seigneurs François, leurs Seigneuries ayant esté reünies à la Couronne & la Flandre estant tenuë par le Roy d'Espagne. Au Sacre du Roy Louys XIV. Monsieur Frere Vnique du Roy, les Ducs d'Elbeuf, de Vendosme, de Cádale, de Bournonuille & de Roüannez ont tenu le rang des six Pairs Laicqs. Le nôbre de douze Pairs n'est gueres qu'en ce iour là, car celuy des Pairs Laicqs est beaucoup plus grand, les Roys l'ayant augmenté par les Erections de Terres Nobles en Duchés & Pairies. Cette qualité de Duc &

Pair de France n'est qu'vne pure dignité en vertu de laquelle ils tiennent rang en France aux Sacres & Couronnements susmentionnés des Roys auec droit de Seance au Parlement.

Les Archeueschés sont en nombre de seize, y compris celuy d'Auignon. il y a 109. Eueschés en contant Metz, Toul, & Verdun qui sont sous l'Archeuesché de Treues, Bellay qui est sous Besançon & les trois qui sont dans les Terres du Duc de Sauoye. Depuis le Concordat du Roy François I. auec le Pape Leon X. le Roy nomme aux Archeueschés & aux Eueschés de son Royaume L'Archeuesché d'Auignon est à la nomination du Pape.

Voicy vne Liste où i'ay mis en premier lieu les Archeueschés qui ont le moins d'Eueschés sous eux, pour fauoriser la memoire de ceux qui veulent faire vn denombrement de tous les Eueschés du Royaume.

PARIS en a 3. Chartres, Meaux, Orleans. Blois

SENS 3. Auxerre, Nevers, Troyes.
AVIGNON 3. Carpentras, Cavaillon, Vaison.
LYON 4. Autun, Challon, Langres, Mascon.
ARLES 4. Marseille, Orange, Toulon, S. Pol-trois-Chasteaux
AIX. 5. Apt, Freius, Gap, Riez, Sisteron.
ROVEN. 6. Avranches, Bayeux, Coutances, Eureux, Lizieux, Seez
VIENNE 6. Die, *Geneue à Annecy*, Grenoble, S. *Iean de Morienne*, Valence, Viviers.
EMBRVN. 6. Digne, Glandeue, Graçe, *Nice*, Senez, Vence.
TOVLOVSE. 7. Lavaur, Lombez, Mirepoix, Montauban, Pamiers, S. Papoul, Rieux.
REIMS. 8. Amiens, Beauuais, Boulogne, Chaalons, Laon, Noyon, Senlis, Soissons.
BOVRDEAVX. 9. Agen, Angoulesme, Condom, Lusson, Perigueux, Poitiers, la Rochelle, Saintes, Sarlat.
NARBONE. 9. Agde, Aleth,

Beziers, Carcaffone, Lodeve, Montpellier, Nifmes, S. Pons de Tomiers, Vzes.

AVCH. 10 Aire, Bayonne, Bazas, S. Bertrand de Comminges, Dax, S. Leger de Conferans, Leitoure, Lefcar, Oleron, Tarbes.

TOVRS. 11. Angers, Dol, Kempercorentin ou Cornoüaille, le Mans, Nantes, Rennes, S. Brieux, S. Malo, S. Pol de Leon, Triguier, Vennes.

BOVRGES. 11. Alby, Cahors, Caftres, Clermont, Limoges, Mende, le Puy, Rodez, S. Flour, Tulles, Vabres.

L'Archeuefque de Lyon eft Primat des Gaules. Les Archeuefques de Sens, de Bourges, de Narbone, de Roüen, de Bourdeaux & de Vienne pretendent pareillement le titre de Primats, dans leurs Prouinces.

Apres les Archeuefchez & les Euefchés, il y a des Abbayes & des Prieurez Conuentuels Chefs d'Ordre & de Congregation.

Clugny en Bourgo[g]ne.
Grandmont en la Marche.

de la France. 23

Cisteaux en Bourgogne & sous Cisteaux ⎱ la Ferté sur Crosne en Bourgogne
Pontigni ⎰
Cleruaux ⎰ en Champagne
morimont

La Chartreuse en Dauphiné.
Le Val de Choux en Bourgogne.
Premonstré en Picardie.
Cerfroid ou de la Redemption des Captifs aux confins de l'Isle de France & de la Champagne.
Le Val des Escoliers en Champagne à present vnie à l'Abbaye de Saincte Geneuiefue de Paris.
Fonteuraud en Aniou
S. Antoine en Viennois dans le Dauphiné
S. Ruff à Valence en Dauphiné.
La Cheze au Benoist en Berri, vnie à la Congregation de S. Maur.
Les Feüillans en Gascogne.
Les autres Abbayes, & Prieurés, les Archidiaconez & les Doyennez, sont en grand nombre & les Cures passent celuy de cinquante mille.

Selon les Estats Generaux tenus l'an 1614. apres la Maiorité du Roy Loüys XIII. il se trouue douze grands

Gouuernements sous lesquels toute les Prouinces du Royaume comparurent. En voicy l'Ordre *l'Isle de France*, la *Bourgogne*, la *Normandie*, la *Guyenne*, la *Bretagne*, la *Champagne*, le *Languedoc*, la *Picardie*, le *Dauphiné*, la *Prouence*, le *Lyonnois*, & *l'Orleannois*, Quatre de ces grands Gouuernements sont vers le Septemtrion & aux enuirons de la Seine, *Picardie*, *Normandie*, *Isle de France*, *Champagne*, Quatre vers le milieu aux enuirons de la Loyre *Bretagne*, *Orleannois*, *Bourgogne*, & *Lyonrois*, Quatre vers le Midy *Guyëne*, *Languedoc*, *Dauphiné*, *Prouence* les deux premiers proche de la Garonne les deux autres proche du Rhosne Auec l'Orleanois on comprenoit lors le *Maine*, le *Perche*, & la *Beauçe*, deça la Riuiere de Loyre, le *Niuernois*, la *Touraine* & *l'Anjou* dessus la mesme Riuiere, & au dela le *Poitou*, *l'Angoumois* & le *Berri*. La Bourgogne auoit la *Bresse* comme auiourd huy. Sous le Lyonnois estoient le Lyonnois *l'Auuergne*, le *Bourbonnois* & la *Marche*: Nous trouuons dans la Guienne le *Bearn*,

Bearn, la *Gascogne* & la propre Guyenne au de la de Garonne & en deça la *Saintonge*, le *Perigort*, le *Limosin*, le *Quercy*, le *Rouergue*. Sous le Languedoc sont les *Cevennes*. Les autres grands Gouuernements ne se sousdiuisent pas en de grandes Prouinces. Il y a auiourd'huy plusieurs autres Gouuernements bien considerables, & plus de trois cěs particuliers. Cette distributiõ est pour les. Armes. On y cõpte plus de 40. *Principautés*, plus de 80. *Duchez*, grand nombre de *Marquisats*, de *Comtez*, de *Vicomtez*, de *Baronies*, de *Chastellenies*, & d'autres Seigneuries, où il est à remarquer que quelques Duchez & Comtez sont plus que certaines Principautez. Parmy la Noblesse qui en est en possession on fait estat d'enuiron quatre mille anciennes Familles.

PRINCIPAVTE'S.

Arches ou Charleuille.
Ardres.
Auignon ou Venaissin Comtat.

Bearn.
Bidache.
Boisbelle ou Henrichemont.
Buchs, Captalat.
Chabanois.
Chabüeil.
Chalais.
Charleuille ou Arches.
Chasteau-Neuf du Rhosne.
Chasteau Portien.
Chasteau Regnault.
Chastelaillon.
Charolles Comté.
Condé en Hainaut.
Conty.
Courtenay.
Dauphiné d'Auuergne.
Dauphiné de Viennois.
Dombes.
Donzere.
Dounezan.
Fontaine-Françoise.
Guimené.
Henrichemont ou Bois belle.
Ioinville.
Leon.
Luc en Poictou.

Lummes. aui-Marquisat.
Marsillac.
Martegues.
Mehon.
Mondragon.
Mortagne.
Orange.
Poix.
Raucourt.
La Roche sur Yon.
Saint Mange.
Sauigny.
Sedan.
Senonches ou Timerais.
Soyons.
Talmont.
Taraste.
Timerais ou Senonches
Tingri.
Turene.
Venaissin ou Auignon Comtat.
Yuetot.

DVCHES.

Aiguillon.
Albret.

Alençon.
Angoulesme.
Aniou.
Arpaiou.
Aumale.
Auuergne.
Beaufort.
Beaupre 1.
Bellegarde ou Seure.
Benac.
Berri.
Bourbon l'Archambault.
Bourgogne.
Bournonuille.
Bretagne.
Brissac.
Büillon en Luxembourg.
Candale en Angleterre.
Caumont.
Chamsaur.
Chasteau Roux.
Chasteau Thierri.
Chastelleraud.
Chastillon sur Loin.
Chartres.
Chaunes.
Cheureuse.

Crequi en Artois.
Damuille.
Elboeuf.
Enghien.
Epernon.
Estampes,
Estouteuille.
La Force.
Fronsac.
Gascogne.
Grammont.
Guyenne.
Guise.
Haleuuin, ou Maignelay.
Ioyeuse.
Langres.
Laon.
Lesdigueres.
Longueville.
Loudun.
Luxembourg.
Luyne ou Maillé.
Maignelay ou Haleuuin.
Maille ou Luynes.
Mayenne.
Mercœur.
Montbazon.

Montmorenci.
Montpensier.
Mortemar.
Nemours.
Neuers.
Normandie.
Orleans.
Penthieure
Pisney.
Pont de Vaux.
Puylaurens.
Raitz.
Reims.
Retel.
Richelieu.
Roannez.
La Roche foucault.
La Roche guyon.
Rohan.
Roquelaure.
S. Fergeau.
S. Simon.
Seure, ou Bellegarde.
Soubize.
Sully.
Thouars.
Touraine.

Tresmes.
La Trimoüille.
Valentinois.
La Valette.
Valois.
Vendosme.
Ventadour.
Villars.
Villebois.
Vitri.
Vzets.

l'Ordre de *Malthe* y a plusieurs Commanderies & autres Terres distribuées en six Prouinces sous les trois Langues de Prouence, d'Auuergne, & de France. le Principal Ordre de Cheualerie est celuy du S. *Esprit*, institué par le Roy Henri III. l'Ordre de *l'Estoille* creé par le Roy Iean, & celuy de S. *Michel* par le Roy Loüys XI. de mesme que celuy du *Mont Carmel* par le Roy Henry IV. ne sont plus considerables. Pour l'Administration de la Iustice il y a dix Parlements ou Cours Souueraines qui iugét definitiuemét des Causes agitées dãs les Cours Subalternes.

B iiij

Paris,
Toulouse,
Grenoble,
Dijon.
Bourdeaux,
Roüen,
Aix,
Rennes,
Pau,
Mets.

Sous ces Parlements il y a bien 150. Senechauffées, des Bailliages & d'autres Sieges de Iustice Royaux Subalternes, des Presidiaux, des Preuostez des Vigueries, & des Vicomtez qui sont bien en nombre de 8. à 900. On remarque aussi qu'il n'y a point de pays en Europe où il y ait plus grand nombre d'Officiers de Iustice. Le Grand Conseil est vne Compagnie Souueraine qui connoist de certains cas particuliers ou par Establissement, ou par Attribution, ou par Renuoy, le Chancelier y Preside.

Pour la Recepte des Deniers du Roy, il y a des Cours des Aydes, Chambres des Comptes, Generalitez de la France.

Elections, & Receptes Particulieres.
Les Chambres des Comptes sont 8.
Paris,
Rouen,
Nantes.
Montpellier,
Aix,
Grenoble.
Dijon,
Pau,
Les Generalitez ou Grands Bureaux des Finances sont en nombre de 24.
Paris,
Chaalons sur Marne,
Soissons,
Amiens.
Orleans.
Bourges,
Tours,
Poitiers,
Limoges,
Bourdeaux
Montauba,
Rion,
Lyon,
Moulins,

Rouen,
Alençon,
Caen,
Nantes,
Toulouse,
Montpellier,
Aix,
Grenoble,
Dijon,
Pau.

Les 17. premieres sont appellées Grandes Generalitez, & ont sous soy 166. Elections ou enuiron. Les 7. autres Generalitez sont appellées Petites, côme n'ayans que des Receptes, particulieres, Elles sont en Bretagne, Languedoc, Prouence, Dauphiné & Bourgogne, qui sont pays d'Estats, composés de 3. Ordres. Les plus celebres Vniuersités du Royaume sont, *Paris, Toulouse, Bourdeaux, Poictiers, Orleans, Bourges, Angers, Caen, Montpellier, Cahors, Nantes, Reims, Valence, Aix,* & *Auignon.* Voila à plus pres ce qui est du Gouuernement. S'il est vray que la puissance d'vn Estat consiste au nombre

& en la valeur de ses Hommes comme en l'abondance des choses necessaires; on peut dire auec verité que la France bien vnie est le premier & le plus puissant Royaume du Monde & que parmy ses grands Biens & la Varieté de ses Peuples, Elle est comme vne Image de toute les autres Nations, & vn Abregé de l'Vniuers; ses Villes valent des Prouinces entieres, & ses Prouinces valent des Royaumes.

Elle a beaucoup de Maisons Royales & d'autres Particulieres qui sont tres-Belles & accompagnées de tout ce qui se peut souhaiter d'agreable. La Mer Mediterranée luy ouure le Commerce de Leuant, & la Mer Oceane luy donne la communication auec tous les autres Endroits du Monde. Ce deux Mers luy seruent de defense & des Montagnes excessiuement hautes auec de puissantes forteresses luy sont autant de Bouleuards.

Les Forces de l'Estat peuuent aisement estre connuës par les progrés des Armes du Roy & par les beaux

B vj

Exploits de sa Nobleſſe. La Caualerie y eſt des meilleures auſſi bien que du temps de Ceſar, qui nous fait foy que pendant ſa guerre d'Afrique trente Caualiers Gaulois en ont ſouſtenu & repouſſé deux mille Maures. On peut dire de l'Infanterie Françoiſe qu'elle eſt compoſée de Soldats au lieu que celle des autres Nations n'a ſouuent que des Hommes. Les grandes Armées entretenuës pendant la guerre en Eſpagne, en Italie, en Alemagne & dans les Pays-Bas font voir la grande puiſſance du Royaume

Iuſqu'icy l'on auoit crû les François peu adroits ſur Mer, l'Experience a fait voir le contraire, car outre les Armées Nauales qui ont eſté dreſſées ſur la fin du Regne de Loüys XIII. pluſieurs Compagnies ſe ſont eſtablies pour le Canada, pour les Iſles & pour la Terre-Ferme d'Amerique, pour l'Iſle de Madagaſcar & quelques Lieux d'Afrique; de ſorte que les Siecles precedents n'ont pas veu en France des fo ces de Mer ſi conſiderables. Cet auantage eſtoit bien reconnu par

Antonio Perez, lors qu'il dit au Roy Henry le Grand que les François seroient capables de conquerir toute la Terre, s'ils pouuoient adiouster à leur grand Courage, *Roma, la Mar, y el Conçejo.*

Quant à ce qui est de la qualité du Pays, l'Air de la France ne peut estre que tresfauorable, puisque son Assiette est la plus auantageuse qu'on puisse souhaitter au beau milieu de la Zone Temperée entre 42 & 51. Degrés de Latitude Septemtrionale. Son Eloignement du premier Meridien commence vers le 15. Degré de Longitude, & finit au 29. de sorte que le Soleil parcourant quinze Degrés en vne Heure, On trouue qu'il est enuiron vne Heure apres Midy en la partie plus Orientale, lors qu'il est Midy en la plus Occidentale. Ses Peuples n'y ont pas besoin de Grottes à prendre le frais en Esté comme ceux de Barbarie; ou bien d'Eaus de Nege comme les Espagnols & Italiens, ny aussi de Poiles en Hyuer comme les Alemans. Le Chaud n'y est pas excessif & le

Froid n'y est point trop violent. l'On n'y voit pas d'Animaux Venimeux & malfaisants. Ce qu'il y en a, est pour le Plaisir des Habitans.

On peut dans les autres Estat, estimer à plus pres les Reuenus du Prince, mais en France le tout dependant de la volonté du Roy, il seroit bien difficile d'en dire quelque chose de certain. Ses Bleds, ses Vins, ses Sels & ses Toiles sont autant d'Aimants qui attirent l'Or & l'Argent des Estrangers. Ses Fruits sont en grand nombre & des plus delicieux sur tout en la Partie la plus Meridionale. Ce qui est vers le Septemtrion est en recōpense plus fertile. Autrefois les Romains estimoient beaucoup le Bled de France, & auiourd'huy les Espagnols seroient en disette si on ne leur en portoit. Presque toutes les Nations Septemtrionales y viennent charger des Vins, comme aussi du Sel qu'ils trouuent bien plus Naturel que celuy d'Espagne, delà vient que l'Empereur Charles V. ayant obligé les Flamans de se seruir de celuy de ses Estats, ils furent bien-tost necessités de recourir au Sel de France, celuy d'Espagne ayant gasté tout le Poisson qu'ils auoient salé. Le grand transport qui s'en fait est vn des plus beaux Reuenus du Roy. Les Monceaux de Sel sont à Sa Maiesté de veritables Monts d'Or. Les Principaux Salins sont en Saintonge, en Poictou, en Languedoc & en Prouence. Ce qui marque le peu de besoin qu'a la France de recouurer des Marchandises Estrangeres est que de quatre ou cinq cent vaisseaux qui viennent souuent ensemble charger ce Sel, presque tous viennent vuides, lestés comme ils disent seulement de Pierres & de Sables. Quant à ce qui est des Toiles, Celles que l'on met en vsage pour les vaisseaux, sont tellement necessaires aux Espagnols, que sans Elles leurs Cheuaux de Bois c'est à dire leurs Vaisseaux ne pourroient point marcher.

Il y a en quelques Prouinces de France des Minieres d'Or & d'Argent, Plusieurs Minieres d'Estain, de Plomb & d'autres Metaux : Il y a toutes sortes de Cartieres & mille autres commodités Il y a mesme plusieurs Curiosités & des Merueilles de Nature. On peut dire de la France qu'elle est l'Oeil & la Perle du Monde, qu'elle est à la Chrestienté ce que la Chrestienté est à l'Europe, & ce que l'Europe est aux autres Parties de la Terre. Elle est Fertile, Riche & bien Peuplée: Elle est l'Inde pour les Richesses, la Grece pour les Lettres & Elle mesme pour les Armes. Vn Empereur de la Maison d'Austriche auoit bien raison de dire que s'il se pouuoit qu'il fut Dieu, l'Aisné de ses Enfans luy succederoit en sa Dignité & le second auroit pour sa Part le Royaume de France.

Le Peuple y est en grand nombre, de taille riche & auantageuse, delicat & somptueux en son Viure, de Conuersation agreable, auec toutes les qualités requises pour la Guerre, pour les Sciences & pour les Arts: Sa Ciuilité & sa Courtoisie sont assés connües nommement enuers les Estrangers. On le taxe de legereté à cause du changement continuel de ses Habits, & dans la peinture des Nations on met pres de luy le Cizeau; mais ceux qui le blasment de ce defaut auoüent qu'il n'y a pas de Pays où l'on s'habille plus proprement qu'en France, & que le François a tousiours bonne grace en prenant les Modes Estrangeres, là où les autres Nations ne reüssissent pas si bien à suiure celle de France. On dit que les Vertus Morales des autres Nations se trouuent eminemment en quelques vnes de ses Prouinces, comme la Franchise de l'Alemagne en Picardie, la Generosité de la Suede en Champagne, l'Actiuité de la Pologne en Languedoc: la Prudence de l'Italie en Prouence: la Grauité d'Espagne en Gascogne: la Fidelité de la Suisse en Dauphiné: la Subtilité de la Grece en Normandie; l'Industrie de la Flandre en Bourgogne & ainsi des autres. La Langue Françoise a esté formée de la Romaine & de l'Alemande, cette derniere ayant esté en vsage à la Cour des Roys de la Premiere Race & de quelques vns de la Seconde. Pour lors le langage Roman estoit receu parmy le Vulgaire, ce qui a donné le Nom de *Romans* aux Recits des Exploits qu'ont fait les Anciens Cheualiers. Pendant ce Temps, les Veritables Francs estoient les seuls Nobles. Tous les Actes publiques ont esté faits en Latin iusqu'à l'Année 1535. Le Roy François I resserra lors la langue Latine dans les Escoles. La Langue Françoise est auiourd'huy la plus polie qu'elle ait iamais esté. La Compagnie des Academiciens establie de nostre Temps sous la Protection du Defunt Cardinal de Richelieu, y a beaucoup contribué: la pluspart des Europeens & sur tout les Septemtrionaux l'ont tousiours estimée comme estant son Accent graue-doux. Ses principaux Idiomes sont le *François* & le *Gascon* celuy cy vers le Midy, celuy la vers le Septemtrion; d'où vient peut estre que les Parisiens appellent indifferemment Gascons ceux qui sont au dela de la Riuiere de Loyre, de mesme que sous le Nom General de François, on connoist en Gascogne ceux qui sont en deça de la mesme Riuiere. La Langue des Bas Bretons neantmoins & celle des Basques n'ont rien de commun auec les autres Langues. Quelques Autheurs disent que le Bas Breton est vn reste de la Langue Celtique, le Basque de l'Aquitanique & le Vuallon de la Belgique. On donne trois Aages à la Langue Françoise ; on fait commencer le premier sous Philippe Auguste, le second sous Louys XI. & le troisiesme sous Henry IV. La France estant comme au beau milieu de la Chrestienté Elle regarde l'Espagne & la Mer Mediterranée vers le Midy : l'Ocean vers le Couchant : la Mer Britannique, vulgairement le Manche, qui la separe de l'Angleterre & les Pays-Bas vers le Septemtrion :& vers le Leuant la Lorraine, la Franche-Comté, la Sauoye & l'Italie. Les Prouinces dont elle est proche sont en Espagne la Catalogne, l'Arragon & la Nauarre: dans le Pays Bas la Flandre, l'Artois, le Hainaut, & le Luxembourg; & en Italie le Piemont, de sorte qu'elle a encor ses Anciens bornes, hormis la Riuiere du Rhin. Plusieurs la font ressembler à vn Oeil, quelques vns luy donnent la forme Ouale ou Ronde, d'autres celle d'vn Lozange, mais assés irregulierement. Sa Longueur est bien de 220. Liëues Françoises a la prendre des parties plus Occidentales de la Bretagne iusques à celle de la Bresse, qui sont plus vers l'Orient : sa Largeur est presque pareille, à conter de *Leucate* en Languedoc iusques a *Calais* en Picardie.

Ses Forests ne sont pas si espaisses ny si grandes comme ailleurs, Elles y sont pourtant bien considerables & en assés bon nombre, capables de donner de bons Reuenus à leurs Seigneurs, du Plaisir aux Chasseurs & non de l'horreur aux Passans ; celle des *Ardennes* est la plus grande & la plus renommée, mais la pluspart hors de France.

Les principales Montagnes sont *les Cenennes* au Septemtrion du Languedoc, où quelques vns veulent dire qu'il y a de l'Or : le Mont de S. *Claude* autrefois *Iura* est entre la Franche-Comté & la Suisse, celuy de *Vauge*, ou des *Faucilles*, autresfois *Vogeus*, aux confins de la Lorraine, de l'Alsace & de la Franche-Comté: les *Alpes* vers l'Italie, & les *Pyrenées* vers l'Espagne ne sont que sur les Frontieres, celles là estimées les plus hautes de l'Europe. Les autres Montagnes ne sont pas si considerables, ou bien elles font partie de celles cy.

Les Caps ou Promontoires plus fameux sont, la Pointe de *Blancnest* en Picardie; le Chef de *Caux* & le Cap de la *Hogue* en Normandie: les Pointes de *Cancale*, de *Fresle*, du *Conquest*, de *Penmark*, de *Quiberon*, *de Bas*, & nombre d'autres en Bretagne; *Talmond* en Poictou; le Chef de *Baye* & la Pointe de *Coreille*, pres de la Rochelle sur les Costes de Saintonge, la Pointe de *Graue* & quelques autres proche de la Teste de *Buchs* en Guyenne, le Cap *Breton* en Gascogne les Caps de *la Franqui*, *d'Agde* & de *Sete* en Languedoc: ceux de Prouence sont en grand nombre, les plus considerables font ceux de la *Croisette*, de *Sisiat*, & d'*Antibes*. On peut voir Ceux des Isles dans les Cartes particulieres. Les plus Renommés Ports de Mer sont *Calais* en Picardie; *Diepe* & le *Havre* en Normandie, *S. Malo, Roscou, Brest, Blavet* autrement le *Port Louys, Morbian*, qui est celuy de Vannes, le *Croisic*, & *Nantes* en Bretagne: *Olonne* en Poictou; *la Rochelle* dans le pays d'Aunis: *Bourdeaux* en Guyenne; *la Nouvelle* & *Agde* en Languedoc; *Marseille, Toulon, Frejus*, & beaucoup d'autres en Prouence, où il y a plusieurs Golfes de mesme que nombre de Bayes en Bretagne; le *Golfe* ou la *Mer de Gascogne* & celuy de *Lyon* en la Mer Mediterranée sont des plus grands, mais ils sont formés par les Terres d'Espagne aussi bien que par celles de France.

  Les Isles des Rivieres ne peuuent pas aisément estre specifiées, celles de l'Ocean sont *Iersey, Garnesey* & le *Mont S. Michel* pres de Normandie, les deux premieres des dependances d'Angleterre; l'Isle de *Bas*, Ouessant & *Bellisle* sur les Costes de Bretane; *Boüin, Nermoustier*, & *l'Isle Dieu* sur celles de Poictou; *Ré* & *Oleron* proche de la Saintonge; & en la Mer Mediterranée *Brescou* auec sa forteresse prés du Languedoc: les trois Isles voisines de Marseille auec leurs Chasteaux, les Isles *d'Or*, ou *d'Hieres* celles de S. *Marguerite*, & de S. *Honorat* sont les plus renommées sur la Coste de Prouence.

Les Riuieres de France sont en grand nombre: On peut voir dans la Carte leurs Noms & leurs Cours, les Prouinces & les Villes où elles passent. Les quatre Principales sont la *Seine*, la *Loyre*, la *Garonne* & le *Rhosne*.

La *Seine* a cet auantage de saluer Paris. Roüen est en suitte la meilleure Ville, où elle passe pour se rendre en la Mer Britannique. Elle doit sa naissance à la Bourgogne & vne partie de son Cours à la Champagne, où entre autres Villes Elle va à Troyes la Capitale de la Prouince. Son Eau est estimée la plus forte qui soit au Monde, & plus capable que celle d'aucun autre fleuue de porter de grands fardeaux. Les Medecins l'estiment plus legere & meilleure à boire que l'Eau de Fontaine. On a fait de nostre temps vn Canal de Briare à Montargis pour communiquer la Loire à la Seine par le moyen du Loin, *L'Yonn*, la *Marne* & *l'Oyse* sont les plus grandes Riuieres qui se rendent en la Seyne. La *Loyre* est estimée le Roy des Fleuues de France à cause de son long Cours & de sa Nauigation commode. Elle vient des Ceuennes en Viuarais & arrouse des Prouinces beaucoup fertiles. Elle passe à Neuers, à Orleans, à Blois, à Tours & à Nantes & plus bas elle se iette en la Mer Occeane apres auoir receu pendant son cours l'*Allier*, le *Cher*, la *Vienne*, la *Mayenne* & plusieurs autres Riuieres qui luy fournissent abondamment toutes sortes de bons Poissons. La *Garonne* prend son commécement dans les Monts Pyrenées sur les Terres d'Espagne. Les meilleures Villes qu'elle saluë sont Toulouse & Bourdeaux. Cinq lieuës au dessous de Bourdeaux apres auoir receu la Dordogne

dogne elle porte le nom de Gironde & semble plustost vne Mer qu'vne Riuiere. Elle est la plus nauigable de toutes celles du Royaume. Le Montant de la Mer que d'autres appellent *Flot,* d'autres *Barre*, y entre plus de trente lieuës. A son Embouchure est ce Fameux Farou Tour de Cordoüan d'vne construction merueilleuse. La Garonne reçoit le *Tarn* & le *Lot* auant la Dordogne: le Flot de la Dordogne est tres violent & connu dans le pays sous le nom de *Mascaret*. Le *Rhosne* est la plus rapide & la plus dangereuse Riuiere pour la Nauigation. Elle a sa source en Suisse non loin de celle du Rhin & elle se perd en la Mer Mediterranée par plusieurs Embouchures qu'ils appellent *Gras*; c'est à dire Degrez. Elle sert de Borne à plusieurs Prouinces. Ses principales Villes sont Lyon, Vienne, Auignon & Arles; les Riuieres qui s'y rendent sont la *Saone*, l'*Isere*, la *Durance*, les autres ne sont pas si considerables. La Ionction des Riuieres de Loyre & de Seine a mieux reüssi que plusieurs au-

C

tres qui ont esté proposées comme celle de Garonne, & d'Aude en Languedoc.

Celle d'Ousche & d'Armançon en Bourgogne.

Celle de Loyre & de Saone pres d'Ance.

Celle de Moselle & de Saone sous Neron.

Et pour sortir de France, on a eu de pareils desseins pour les Ionctions.

Du Lac Celano & du Garrigliano en l'Abruzze.

Du Rhin & de la Meuse aux Pay-bas vers la Ville de Gueldres.

Du Rhin & de l'Issel par Drusus aux Pays-bas.

Du Rhin & du Rhosne par le Lac de Geneue.

Du Rhin & du Danube par le Rednitz qui se rend dans le Mein & par l'Altmul qui se rend dans le Danube, sous Charles-Magne.

De l'Eyder & de la Slye par la Trie en Danemarq pour communiquer l'Ocean à la Mer Baltique.

De l'Elbe auec la Mer Baltique pres

Suerin au Mexelbourg pour s'exempter du passage du Sund.

Des Lacs Meler & Vener en Gotie pour se dispenser du mesme passage de Sund.

De Dom & de Volgue, aux confins d'Europe & d'Asie.

De la Miane & du Tiritiri en Perse.

Du Iamsuquiam & du Caramoran en la Chine.

On conte bien en France trois ou quatre mille Villes grandes & petites, Cinquante mille Paroisses toutes si bien Peuplées que dés le Regne du Roy Charles IX. on y faisoit estat de plus de Vingt millions de personnes. Entre les Villes *Paris* est sans Pair, *Lyon* est de fort grand Circuit, Toulouse est bien bastie, Bourdeaux beaucoup Marchande Roüen Riche & bien Peuplée, Poictiers & Orleans sont en suitte les plus Grandes.

LA PICARDIE.

La Partie plus Meridionale de la Picardie est enuiron au 49. Degré &

demy de Latitude: la plus Septemtrionale au dela du 51. entre 22. Degrés & demy & 25. & demy de Latitude. Sa longueur est de Cinquante lieuës, sa largeur ordinaire de vingt : Il y a bien quarante lieuës de largeur en la partie plus Occidentale. Ce que nous connoissons sous le nom de *Picardie*, a la Mer Oceane à son Couchant, la Normandie à son Couchant d'Hyuer, l'Isle de France à son Midy, la Champagne à son Leuant: & à son Septemtrion quelques Prouinces des Pays-bas qui recognoissent le Roy d'Espagne, la Flandre, l'Artois, le Cambresis, & le Hainault. Ce voisinage a donné occasion de fortifier la pluspart de ses places. Et comme les plus considerables sont sur la Riuiere de *Somme* on dit de cette Riuiere qu'elle est couronnée de Forteresses, au lieu que les autres n'ont que des Roseaux. La Somme est toute en Picardie; Elle ne glace & ne diminue point comme les autres Riuieres voisines.

La Prouince est si fertile en Bleds qu'outre ceux qu'elle enuoye dans les

Pays Estrangers par le moyen de l'Océan, elle en fournit si grande quantité à la Ville Capitale du Royaume, qu'elle en est appellée le Grenier de Paris. La Noblesse y est en grand nombre des plus anciennes & des plus fidelles au Roy. Les Habitans y sont autant guerriers comme du temps de Iules Cesar: Ils semblent auoir conserué l'humeur des Gaulois, soit pour leur promptitude naturelle, soit pour leur franchise & leur peu de dissimulation. Le Roy n'y a pas de Confiscations, Il a seulement des Amendes. Elle a autresfois fait partie de la Gaule Belgique; Auiourd'huy tous ses Eueschés ont l'Archeuesque de Reims pour Metropolitain : Toutes les Iustices y reconnoissent le Parlement de Paris, Et pour ce qui est des Finances, Il y a des Generalités à Amiens & à Soissons.

Toute la Picardie peut estre consideree en trois Parties, Haute, Moyenne & Basse. La Haute est sur l'Oyse & comprend le *Tierache*, le *Laonnois*, & le *Soissonnois*. La Moyenne est sur la Somme qui arrouſe, le *Vermandois* le *Santerre* & *l'Amienois*. La Baſſe eſt ſur la Mer, le long de laquelle il y a, le *Ponthieu*, le *Boulenois*, & le *Pays Reconquis*. Le Tierache a *Guiſe* connue dans ces guerres par la reſiſtance qu'elle a faite aux Eſpagnols. le Roy François I. l'erigea en Duché & Pairrie en faueur de Claude Duc de Lorraine *Veruins* renommée dans l'Hiſtoire de l'An 1598. par le Traitté de Paix entre les Couronnes de France & d'Eſpagne. La *Capelle* forterefſe qui a ſouuent eſté priſe, & repriſe *Marle* ancienne Seigneurie. *La Fere* beaucoup forte, où pendant ces dernieres Campagnes Noſtre Monarque a ſouuent fait ſon ſeiour.

    Le Laonnois reçoit le nom de la Ville de *Laon* dont l'Eueſque eſt Duc & Pair de France. *Lyeſſe* y eſt renommée pour la deuotion à Noſtre Dame. *Premonſtré* eſt vne Abbaye Chef d'Ordre. *Folembray* a eu rang parmy les plus belles Maiſons Royales, auant ſon embraſement arriué pendant les guerres du Siecle paſſé.

Le Soiſſonnois a ſa Ville Capitale de meſme appellation. Soiſſons eſt Eueſché, Generalité, Comté, & autrefois Royaume pendant la premiere Race de nos Roys. Elle eſt vne des dernieres places que les Romains ayent conſerué en France. Elle eſt remarquable par l'Election de Pepin le Premier Roy de la Seconde Race. Vne fameuſe Bataille fut donnée proche de Soiſſons l'An 923. Le Roy Charles III. la gagna contre Robert Duc de France & d'Aniou, lequel y perdit la vie auec dix mille hommes des ſiens. *Blerencourt* eſt vne des plus belles Maiſons du Pays. Le Laonnois & le Soiſſonnois font partie du grād Gouuernement de l'Iſle de France de meſme que *Noyon* & *Chauni* ſur Oyſe l'Eueſque de Noyon eſt l'vn des ſix Pairs Eccleſiaſtiques.

Le Vermandois a rete[nu] le nom de ſes Anciens Peuples. Sa Ville Capitale eſt *S. Quentin*. l'An 1557. Les François y perdirent vne Bataille le propre Iour de S. Laurens. En memoire de cette Victoire le Roy d'Eſpagne Philippe II. fit baſtir le Fameux Eſcurial ſous le Nom de S. Laurens Au deſſous de S. Quentin eſt *S. Simon* Duché, & *Ham* petite Ville fortifiée. Il y a ſur la Frontiere *le Cattelet* forterreſſe & *Honnecourt* où l'An 1642. Noſtre Armée fut maltraittée par celle d'Eſpagne. Entre la Sôme & l'Oyſe les Bourguignons & les Eſpagnols ont d'ordinaire tenu leur route pour venir en France.

Le Sans terre eſt aux enuirons de *Peronne* Ville extraordinairement forte La petite Ville *d'Encre* vers la Frontiere a eu titre de Marquiſat. Elle eſt auiourd'huy connue ſous le nom *d'Albert*. *Montdidier* a ſouuent repouſſé les Eſpagnols qui l'ont attaqué inutilement, *Chaune* & *Halewin* ou *Maignelay* ſont deux Duchés, *Roye* eſt vne Ancienne Seigneurie & *Neſle* vn Marquiſat conſiderable.

Amiens la Capitale de la Prouince donne ſon nom à vn Pays particulier où il y a *Corbie* Ancien Comté, le Principal Theatre de la Campagne de 1636. *Dourlens* Haute & Baſſe Ville toutes deux bien fortes, *Vignacourt* Marquisar. de ce nom il y a eu vn Grand Maistre de Malthe. *Canaples* Comté, *Imbercourt* & *Rubempré* Seigneuries on atribue a la conduite du Seigneur d'Imbercourt la prise de Ville franche en Piemont l'An 1554 *Pecquigny* dont la Prononciation a autresfois esté fatale à plusieurs Anglois *Conti* & *Poix* Principautez. *Boue* & *Crenecœur* Marquisats. La Ville *d'Amiens* est Euesché & Generalité beaucoup forte. Son Eglise Catedrale est vn ouurage des plus accomplis qu'il se voye, & considerable pour sa hauteur. On y fait estat de douze mille hommes portants armes. l'An 1597. le Roy Henry IV. la reprit glorieusement sur les Espagnols qui la luy auoient prise en Renards. Ce Prince y fit bastir en suitte vne Citadelle des meilleures & des plus regulieres de l'Europe. Cette Ville a eu l'honneur de voir chez soy vn Roy de France, vn Roy d'Angleterre, vn Roy d'Arragon, vn Roy de Nauarre & vn Roy de Boheme asséblez pour l'Expeditió de la Terre Ste.

C v

Le Comté de Ponthieu est vn ancien partage des Enfans de France. *Abbeuille* en est la Capitale, beaucoup forte d'Assiette & de Trauaux. Il n'y a pas de Ville dans le Royaume plus grande & plus importante tout ensemble. Elle renferme 12. a 13. grandes Paroisses & iusqu'à present elle a conserué de beaux Priuileges. Elle est nommée la *Fidele*, & la *Pucelle du Pays*. Deux lieuës plus haut est le *Pont de Remi* passage considerable, proche duquel on void les restes d'vn Camp de Cesar. A gauche de la Somme est S. *Valery* Port de Mer *Vismes* Baronie qui donne son Nom au petit Pays de *Vimeux*, *Gamaches* Marquisat, *Senerpont*, *Rambures*, *Hocquincourt* Seigneuries: du nom de cette derniere nous auons eu vn Marechal de France de nostre temps A droite est S. *Riquier* où l'on dit que les femmes desguisées en hommes ont resisté aux Espagnols l'An 1536. & qu'elles leur arracherent deux Drapeaux. *Creci* fut memorable l'An 1346. pour la defaite de l'Armée Françoise sous le Roy Philippe de

Valois par Edouard Roy d'Angleterre. Nous y perdifmes trente mille hommes & entr'autres vn Frere & vn Neueu du Roy, le Roy de Boheme, le Duc de Lorraine, le Comte de Flandre, & le Dauphin de Viennois. *Rue* eft forte d'affiette à caufe des marais qui l'enuironnent. *Monftreüil* eft compofé de Haute & Baffe Ville & d'vne Citadelle. Vne petite Contrée de ces quartiers eft connuë fous le nom de *Marq en terre*.

Le Boulenois a des Priuileges fort confiderables & l'Exemption de gabelle. Il a tant de haras qu'il peut mettre fur pied trois mille bons Cheuaux. *Boulogne* eft haute & Baffe auec Citadelle. En la Haute eft l'Euefché démembré de celuy de Teroüenne & plufieurs belles Fontaines: la Baffe eft beaucoup Marchande auec des Maifons bafties d'vne fort belle pierre grife. On l'eftime le Port-Iccius de Iules Cefar qui s'y embarqua pour l'Angleterre. La *Tour d'Ordre* qui en eft proche & qui eft chûte depuis peu d'années eft eftimée vn de fes ou-

C vj

urages. Peut estre à cause de cette Tour, les Comtes de Boulogne ont pris des Tours en leurs Armes. Depuis le Roy Louys XI. Nos Roys ont de coustume à leur auenement à la Couronne d'offrir à nostre Dame de Boulogne vn Cœur d'Or massif pesant deux mille Escus d'Or. *Estaples, Hardelot* & *Monthulin* ont garnison. *Bournonuille* est vn Duché, *Moncaurel* Marquisat. Le Pays Reconquis est aux enuirons de la Ville de *Calais* qui l'An 1557. fut repris en huit Iours sur les Anglois par vn Duc de Guise: l'Archiduc Albert qui du depuis s'en empara ne crut pas la pouuoir conseruer, contre le Roy Henry IV. c'est pourquoy il la luy rendit par la Paix. Cette Ville est veritablement l'vne des plus importantes Clefs de la France. Ses Fortifications sont des plus belles du Royaume, Elles consistent en neuf puissants Bastions Royaux y compris ceux de la Citadelle. Les enuirons de Calais sont remplis de Forts; les Comtés d'*Oye* & de *Guisnes* en sont proche. l'on y voit des marais flottans & des

Isles nageantes que l'on fait passer ailleurs pour merueilles. *Ardres* est vne petite Souueraineté sur la Frontiere auec haute & basse Ville toutes deux bien fortifiées. Le Roy François I. & Henri VIII. Roy d'Angleterre firent leur Entreueuë proche de cette place. Toute leur Noblesse y estoit si leste & si richement vestuë que le lieu en fut appellé le *Camp de Drap d'Or*.

LA NORMANDIE.

On demeure d'accord que la *Normandie* a receu son Nom des Noruegiens qui sont venus s'y establir & qu'auparauant elle estoit appellée *Neustrie* faisant partie de la France Occidentale. Sous les Romains Elle estoit la *Seconde Lyonnoise* en la Gaule Celtique. Elle s'estend entre le 18 Degré & demy & le 23. de Longitude par l'espace de 70. lieuës. Sa Largeur est d'enuiron la moitié, depuis 48. Degrés & demy de Latitude iusqu'aux 50. Elle a la Bretagne au Couchant d'Hyuer, le Maine & le Perche au Midy, l'Isle de France & la Picardie au Leuant, la Mer Britannique & partie de l'Océā au Septemtrion & au Couchant où elle regarde les Isles de Iersey & Garnesey dependantes de l'Angleterre.

La Normandie est l'vn des plus beaux Gouuernements du Royaume. On y conte six Eueschez sous l'Archouesque de *Roüen* : *Eureux, Lizieux, Seez, Bayeux, Coutances, & Avranches.* La Ville de Roüen a vn Parlement, vne Chambre des Comptes & vne Generalité; Caen & Alencon sont pareillement Generalités sous lesquelles il y a 27. ou 28. Elections. Les petites Iustices sont appellées Vicomtés & Sergenteries. Il y a bien 33. Vicomtés. De mesme que les Sergenteries Ils sont distribués sous sept grands Bailliages. Autrefois cette Prouince a esté le Siege principal de l'Amirauté de France. Elle a l'honneur d'auoir donné des Roys à l'Angleterre, à la Sicile & a Naples : Quelques vns d'entr'eux ont fait de tres belles actions en Leuant dans les guerres de Hierusalem de Cypre de Constantinople. On remarque aussi que ses Ducs ont tous excellé en la pluspart des qualités requises a vn Grand Capitaine. Les Peuples a l'imitation de leurs Souuerains se sót portés aux Voyages d Outre Mer ou ils ont reüssi. Ils ont tant aymé Raoul leur premier Duc qu'ils semblent l'appeller encor a leur secours lors qu'ils crient Ha-Rou. Et cette clameur d'Haroul n'a lieu qu'en Normandie. Ils sont des plus Rusés en leurs affaires, ayants fort peu retenu de l'humeur Septemtrionale qui n'est pas des plus deliés. Le plus ordinaire Breuvage du commun est le Cidre & le Poiré, qu'ils font des Pommes & des Poires que leur Terre fournit abondamment. Ils naissent pour l'ordinaire fort spirituels & leurs voisins leur imputent a defaut ce, en quoy ils ne les peuuent egaler. Ils reüsissent mieux que les autres Prouinciaux, à faire de leur Establissement, mais leur Prudence trop rafinée, leur inclination au procés, & le peu de Franchise de plusieurs d'entr'eux les fait souuent hayr. La Prouince au reste est des mieux peuplées &

des plus reuenantes, l'Espagne n'a point de Royaume qui puisse luy estre comparé. Il n'y en a pas en France qui ait vne si grande quantité de Noblesse : On y conte plus de Cent Villes & 150. gros Bourgs. Elle enuoye au dehors vn grand nombre de Bestail, des Toiles & des Herbes qui seruent à la Teinture, comme de la Garance, du Guesde, du Pastel, du Charbon. Ses Principales Riuieres sont la *Seine*, où se rendent *l'Epte* & *l'Eure* celle cy augmentée de *l'Iton*. la *Rille* qui se cache en Terre pour en sortir peu apres, *Touque*, *Diu*, *Orne*, *Vire* qui forme le Grand Vé, *Soüille & Burd, Ardee* &c.

Il y a Haute & Basse Normandie, la Haute à l'Orient & la Basse à l'Occident. En la Haute est le *Pays de Caux* au Septemtrion de la Seyne. *Roüen* autrefois *Rotomagus* y est la Capitale de toute la Prouince, Ancienne, Grande, Belle, Riche, & bien peuplée ; Elle a esté le Seiour des Anciens Ducs de Normandie & auiourd'huy elle renferme toutes les Cours Souueraines auec toutes les Prerogatiues que peut souhaitter vne Ville : son Chasteau sur la Seine est appellée Vieux-Palais, son Pont de Batteaux est l'vn des plus beaux de l'Europe. Elle fait vn grand Trafiq en toutes les Parties du Monde par le moyen de la Seine nauigable aux grands Vaisseaux iusque pres de ses murailles. Le voisinage de Paris enrichit ses Habitans. Diepe & le Havre luy sont deux Mamelles qui la nourrissent. On y fabrique vne grande quantité de Draps de Sceau. On y void vne Cloche d'vne Enorme grandeur appellée d'Amboise de celuy qui l'a donnée. On y absout les Criminels qui portent la Chasse de S. Romain en la Procession qui se fait vn Iour de l'Année aux Enuirons de Pasques, C'est en memoire que la Ville fut deliurée d'vn Horible Monstre par ce Saint Euesque. *Diepe* est considerable pour son Port : l'on s'y embarque d'ordinaire pour l'Angleterre & souuent pour les Pays les plus eloignés ou les Diepois font leur Nauigatiõ. *Le Havre de Grace* l'vne des Clefs de la Frãce, les plus belles Fortificatiõs du Mõde auec vne Citadelle estimée la meilleure de l'Europe. Outre ces places il y a sur la Mer *Fescamp* Abbay eou les Anciens Ducs ont eu leur Sepulture, *S. Valery en Caux*, & *Eu* fameux Côté. Il y a au dedans du Pays *Caudebec* dont le nom est demeuré à des Chapeaux, *Montiuillers*, *Blangis*, *Neuchastel*, *Lyons* Capitale du petit Pays de *Bray* auec vne Forest de mesme nom où l'on fait grand nombre de Verres. *Gisors* dans le *Vexin Normand*, *Andelys* double Ville. Le nom de Vexin est venu de la Vexation & des Courses des Normans sur leurs Voisins *Forges* est renommé pour ses Eaus Medicinale, *Gournay* pour la Bataille de l'An 1112. gagnée par Loüys le Gros sur des Rebelles & les Anglois. *Arques* pour la premiere Victoire du Roy Henry le Grand remportée sur la Ligue l'An 1589. *Longueuille*, *Estouteuille* & *Aumale* y ont titre de Duchés *Yuetot* celuy de Principauté, apres auoir autrefois eu celuy de Royaume en suitte du meurtre d'vn de ses Seigneurs par vn de nos Roys. *Briauté* Marquisat, *Eu*, *Lillebone*, place tres Ancienne & *Tancaruille* Comtés, *le Pont S. Pierre* Baronie, *Villequier*, & *Bethencourt* Seigneuries considerables, celle-cy pour vn de ses Anciens Seigneurs qui porta le titre de Roy des Canaries apres en auoir commencé la conqueste. A gauche de la Seine il y a *Eureux* fameux Comté dans le petit Pays de *Champagne* : quelques fils de France & des Roys de Nauarre en ont esté Comtes. *Lizieux* qui donne son nom au *Lieuuin* la plus delicieuse contrée de Normandie, ou l'on fait de fort belle Vaisselle de Terre. *Pont l'Euesque* renommé pour ses Fromages, *Ponteau de Mer*, *Honfleur* à l'Embouchure de la Seine, *Quillebœuf* autrement *Henriuille*. Ancienne Baronie dans le *Rommois*, *Pont de l'Arche*, *Vernon* passages Importants sur la Seyne, *Gaillon* belle Maison à l'Archeuesque de Roüen auec vne Chartreuse bien bastie, *Louuiers* où il y a eu pendant vn long temps plusieurs Religieuses possedées, *Nonancourt*, *Breteüil*, *Condet* belle Maison à l'Euesque d'Eureux, *Conches* dãs le petit Pays *d'Ouche*, *l'Aigle* Baronie, *Beaumont le Roger*, le *Bec*, *Bernay*, *Monstreuil l'Argille*, *Orbec*, *Verneuil* proche du Perche, où l'An 1424 Nous perdismes la Bataille sous le Connestable Stuart contre les Anglois conduits par le Comte de Betfort Regent pour Henri VI. declaré Roy de France. 4500. hommes y demeurerent sur la place, & le Comte de Narbone y fut pendu pour auoir assisté au massacre de Iean Duc de Bourgogne. *Iury* où l'an 1590. le Grand Henry remporta vne signalée Victoire sur les Ennemis. En ce Pays il y a les Duchés *d'Elbœuf* & *Damuille*, les Marquisats de *Neufbourg*, *la Londe*, *Mauny*, *Beueron*, les Comtés de *Harcourt*, *Tillers*, *Montgomeri*, la Seigneurie *d'Annebault* La Basse Normandie tire son principal reuenu du bestail qu'elle engraisse. La Ville de *Caen* en est la Capitale auec vn bon Chasteau, Generalité & Vniuersité, *Seez* dans le Pays *d'Auge*, *Bayeux*, dans le Bessin, *Coutances* & *Auranches* qui donnent leurs nôs à deux Pays sont Eueschés. Bayeux a vne des plus superbes Eglises de Normandie: deux petites Riuieres de son voisinage se perdent sous Terre auant que de se rendre en la Mer. l'An 1639. la reduction d'Auranches à l'Obeissance du Roy par Monsieur de Gassion, appaisa les mouuements de plusieurs païsans reuoltés qui auoient pris nom de *Va nuds pieds* Les Villes Maritimes sont *Harfleur, Cherbourg* considerable, pour son Port & pour auoir esté la derniere entre les mains des Anglois sous Charles VII. *Granuille* & *Pont Orson* sont sur les marches de Bretagne. *Le Mont S. Michel* dans la Mer est celebre pour la deuotion à ce Saint & pour son Sable dont on fait du Sel: En son voisinage est le Rocher de *Tombelaine*. Au dedans du Pay Il y a *Alençon* Generalité & Duché Appennage des Enfans de France, *Domfront* Vicomté, *Mortain* Comté ou l'on porte aux Processions vne Espée nuë au lieu de Banniere. *Vire* connuë pour ses Draps & pour ses Chansons ou *Vaux de Vire*,

Condé sur Nereau, *Argentan*, *Falaise* patrie de Guillaume le Conquerant & le seiour d'excellents Emouleurs. On y a trouué plusieurs Medailles auec l'Image de Iules Cesar. Le Bourg voisin de *la Guibray* est renommé pour sa Foire. Quelques Montagnes voisines fournissent en abondance des Oyseaux de proye. S. *Lo* Baronie, *Carentan*, *Valogne* &c. *Fromigni* proche de Bayeux est le lieu où l'An 1450. le Comte de Clermont General de l'Armée du Roy Charles VII. deffit 8000. Anglois dont la moitié demeura sur la place. Cette Victoire reünit la Normandie à la Couronne de France O. *Nonant Tury* & *Canisi* sont Marquisats *Canisi* a la plus belle Maison du Pays; *Medauid, Carouges, Torigny* ont titre de Comté; *Talerande, la Luserne* & *Montegu* sont Seigneuries considerables. *Grauille* est vne Sirauté que ceux de la Maison pretendent auoir esté creée par Iules Cesar, Ils disét pour cet effet qu'il y a plustost eu vn Sire de Grauille qu'vn Roy de France.

L'ISLE DE FRANCE.

L'Isle de France est prise diuersement. Premierement pour le Pays aux enuirons de S. Denys: en second lieu pour tout le Pays qui se trouue renfermé par les Riuieres de Seine, Marne, Oyse & Aisne: en troisiesme lieu pour vn Grand Gouuernement qui s'auance dans la Picardie, dans la Brie & dans le Gastinois, & enfin de la sorte qu'elle se void en nostre Carte, où elle comprend le *Parisis*, *l'Isle de France*, où sont les petits Pays de *Goele*, *Multien* & *Aulnay* : le *Valois*, le *Vexin François* & *l'Hurepois*. Ainsi Elle se trouue entre 22. & demy & 25. Degrés de Longitude & depuis 48. Degrés quinze minutes de Latitude iusqu'au dela de 49. & demy. Elle est à plus pres quarrée, sa plus grande longueur & sa plus grande largeur estans presque egales chacune de trente lieuës. Elle est au reste la plus agreable Prouince du Royaume & la plus Riche, puis qu'elle a Paris pour Capitale.

Paris est veritablement la Reyne des Villes ou pluſtoſt vn petit Monde. Il n'y a pas de Ville dont nous ayons vne certaine connoiſſance qui ne luy cede ſans contredit le premier rang, ſi on conſidere ſa grandeur, la Magnificence de la Cour du Roy, ſes Superbes Edifices, le nombre de ſon Peuple, ſes Richeſſes & ſes autres Auātages, qui la font appeller auecque raiſon *Abregé de l'Vniuers.* l'Empereur Charles V. l'appelloit *le Monde de l'Europe:* il nommoit Orleans la Ville & Poictiers le Village de France. Le Roy François I. diſoit que Paris eſtoit pluſtoſt *vn Pays* qu'vne Ville. Elle eſt le ſeiour ordinaire de nos Roys depuis Clouis. Lors que le Royaume a eſté partagé, le premier Né y demeuroit prenant le titre de Roy de Paris. Elle a obtenu de noſtre temps le titre d'Archeueſché & ſon Archeueſque ſe dit le premier & le ſeul Curé du Roy en tous lieux. On y conte plus de trente mille Maiſons, enuiron deux cent mille Hommes capables de porter les armes & plus de neuf cēt mille Ames.

Elle

Elle est peuplée de la sorte à cause du Seiour du Roy & des Cours Souueraines, Parlement, Chambre des Cõptes, Conseil priué, Grand Conseil, Cour des Aydes &c. Plusieurs autres Cours & Iurisdictions y ont leurs Seances, les Requestes de l'Hostel, la Cour des Monnoyes, le Bureau des Tresoriers de France, la Chambre du Tresor, le Bailliage du Palais, la Table de Marbre ou Connestablie & Marechaussée, l'Amirauté, les Eaux & Forests, les Eleus &c. Aprés le Roy qui est le premier Haut Iusticier on conte bien 24. autres Iusticiers. Le Parlement de Paris occupe plus de la moitié du Royaume. l'Vniuersité à plus de soixante Colleges où il y a bien six à sept mille Escoliers. Elle a quatre Facultés, celle des Arts, celle de Theologie celle du Droit Canon & celle de Medecine. Elle a quantité de Sçauants & d'Excellents Ouuriers de toutes sortes, & ses Academies ont fourny plusieurs Illustres. On tient pour veritable qu'elle a seule plus de Richesses que trois autres des meilleures Villes de l'Europe enſemble. En vn mot, Elle eſt vne veritable Boutique & vn Marché commun des Hômes. Le Roy en retire plus de douze Millions de liures chaque Année. Vn nombre infini de Particuliers y ſont plus riches & mieux logés que pluſieurs Souuerains d'Italie & d'Alemagne. Elle renferme 44. Paroiſſes, 32. autres Egliſes outre les Chapelles, 45. Maiſons de Religieux, 40. de Religieuſes 30. Hoſpitaux. Le ſeul Hoſtel Dieu a plus de mille Lits tous garnis. l'Egliſe de Noſtre Dame, le Louure, le Palais auec la Ste. Chapelle y ſont les plus Beaux & les plus Rares Edifices. Ses Hoſtels ſont en tres grand nombre. Ses Iſſuës pareillement ſont pleines de belles Maiſons. l'Eau de la petite Riuiere de *Bieure* qui entre dans les Faux-bourgs fournit la commodité pour la Teinture de l'Ecarlate.

S. *Denys* paſſe pour la Capitale de France. Elle a vne fort belle Egliſe, le Mauſolée de nos Roys. l'An 1657. Sous Charles IX. Il ſe donna en ſon voiſinage vne fameuſe Bataille entre l'Armée du Roy & celle des Huguenots conduitte par le Prince de Condé & l'Amiral de Chastillon. Le Connestable de Montmorency y fut blessé à mort combattant auec autant de gloire que de bon-heur pour son Roy. *Gonesse* est renommé pour la bonté de son Pain. *Beaumont* & *l'Isle-Adam* sont passages importants sur l'Oyse: de la Maison de l'Isle Adam estoit le Grand Maistre de Villiers celuy qui l'An 1565. defendit Rhodes contre le Grand Soliman & qui apres la reddition de sa place obtint des Turcs l'execution de son Traité contre la coustume de ces Infideles *Mont-morancy* la premiere Baronie du Royaume dont plus de 600. Fiefs ont autrefois releué a auiourd'huy titre de Duché. *Dâpmartin* est vn Comté, *Madrid* & *Vincennes* Maisons Royales proche de Paris, *S. Mor, Pois le Vicomte, Ecoüan* sont pareillement des plus belles du Royaume, de mesme que *Grosbois & Vaux le Vicomte* dans la Brie Françoise dont est Capitale *Bry Comte Robert*.

Le Valois a *Crespi en Valois* ou la

Paix fut conclaë auec les Espagnols l'An 1544. *Senlis* Euesché: *Chantilli* & *Verneüil* Belles Maisons, celle cy considerable pour ses edifices auec titre de Marquisat. Du costé de Soissons au Midy de l'Aisne, Il y a *Villers Costerets* Maison Royale, *Ouchi* Vicomté, *Cœuures* Marquisat, & à l'Assemblage de l'Oyse & de l'Aisne la Ville de *Compiegne* qui a souuent seruy de seiour à nos Roys.

Le Beauuaisis est estimé par plusieurs partie de Picardie à cause de la Langue & des Meurs de ses Habitans. La Ville de *Beauais* est l'vne des plus Peuplées du Royaume, son Euesque l'vn des douze Pairs de France en prend titre de Comte, & la Iustice s'y rend en son Nom. Le Chœur de son Eglise Cathedrale est l'vn des plus beaux Ouurages qu'il se voye. Son Marché est extraordinairement grand & capable de tenir vn Armée en bataille. Ses Habitans sont des plu guerriers aussi bien que du temps de Iules Cesar, lors qu'ils pouuoient mettre cent mille hommes sous les armes. Il ont vne Manufacture de Draps & de Serges fort considerables, les Femmes y ont le Priuilege de marcher deuant les Hommes en vne certaine Procession à cause de leur braue resistance contre les Anglois. Les Enuirons sont pleins de Noblesse qui a donné vn Roy aux Canaries & 4. Grands Maistres à l'Ordre de Malthe. Les Moutons du Beauuaisis sont extremement grands & gras. *Clermont* est vn Fameux Comté Appennage de Robert l'vn des Fils de S. Loüys, & Chef de la Branche des Bourbons. *Bulles* est connu à cause de ses Lins. *Lyencourt* pour ses Fontaines, Cascades, Iardins & Canaux. *Gerberoy* est vne Seigneurie de l'Euesque de Beauuais *Houdancourt* celle d'vn Marechal de France illustre en nostre Siecle.

Le Vexin François a pour Capitales *Chaumont* & *Magny* Il reconoist l'Archeuesque de Roüen pour ce qui est de l'Eglise: l'Archeuesque de Paris & l'Euesque de Beauuais y pretendent neantmoins Iurisdiction. *La Roche Guyon* a titre de Duché, *Persan* est

D iij

vn Marquifat. *Andreſi*, Baronie. *Trieb* eſt accompagné d'vne belle Maiſon ſur l'Epte. *Meulan* ſur Seyne, & *Pont Oyſe* ſont fort conſiderables. Le Pays de Hurepoix a ſes bornes fort incertains; Il ſe trouue pour la pluſpart au Midy de la Seine, ſur laquelle il a pluſieurs places Importantes pour leurs Ponts; *Melun* Vicomté, *Corbeil* Comté, *S. Clou*, *S. Germain* Maiſon Royale, *Poiſſi* connu pour le ſeiour de quelques vns de nos Roys, pour l'Education de quelques Enfans de France & pour le Colloque de l'An 1561. *Mante* auec ſon Egliſe baſtie ſur le Modele de celle de Paris & ſon Faux-bourg de Limoy renommé pour ſes bons Vins. Elle a vne Election de meſme que *Montfort l'Amaury*. *Montlheri* Comté, vid donner la Bataille de l'An 1465. ſous Louys XI. entre l'Armée du Roy & celle du Comte de Charolois qui demeura Maiſtre du Champ de bataille nonobſtant la perte qu'il y fit. *Fontainebleau* eſt la plus belle des Maiſons Royales: ſes beaus Edifices, ſes Hoſtels, ſa Foreſt, ſa Verrerie, & sa Terre Sellée la rendent considerable. *Versaille* autre Maison Royale, *Limours*, *Chilli*, *Berni*, *Ruel*, *Anet* Principauté, *Rosny* Marquisat sont encor tres belles. *Espernon* & *Cheureuse* ont titre de Duché. *Villeroy*, *Leuuille*, *Palaiseau*, *Rambouillet* sont Marquisats. *Moret*, *Dourdan*, *Rochefort* Comtés.

CHAMPAGNE.

On ne doute pas que le Nom de *Champagne* n'ait esté donné à cette Prouince à cause de ses belles & grandes Plaines qui fournissent aux habitans du bled & du bestail en quantité. Son Estenduë de Midy au Septemtrion passe 65. Lieües depuis le 47. Degré & demy de Latitude iusqu'au 50. Celle d'Occident en Orient est Inegale de 25. de 30. & souuent de cinquante Lieuës, entre 24. & 27. Degrés de Longitude où elle est plus grande. Elle a vers le Septemtrion partie de Haynaut & de Luxembourg auec quelques Terres de l'Euesché de Liege: la Picardie au Couchant d'Esté ; l'Isle de France à l'Occident : le Gastinois au Couchant d'Hyuer : la Bourgogne Duché au Midy : la Franche-Comté au Leuant d'Hyuer, & la Lorraine à l'Orient. le Pays a deux Archeuefchés *Reims & Sens: Chaalons, Troyes, Meaux & Langres* sont autant d'Eueschés qui ont chacun leur Metropolitain different. Pour la Iustice il est sous le Parlement de Paris : Pour les Finances Chaalons a vne Generalité sous laquelle il y a Neuf Elections : les Elections du Senonois & presque toutes celles de la Brie sont sous la Generalité de Paris. Les Anciens Comtes de Champagne ont esté fort considerables dans l'Histoire, leur Cry de guerre estoit *Passauant* : vne Ville de ce nom aux confins de Lorraine & de la Franche-Comté en conserue pour cet effet le nom, auec plusieurs Exemptions. On fait estat de 7. Anciens Paires créés dans le Pays, où l'vne des Anciennes Coustumes porte que la seule Noblesse du Pere ou de la Mere suffit pour Annoblir les Enfans.

La Champagne est divisée en Haute & Basse, mais cette Division n'est pas cóforme au Cours de ses Rivieres. Comme la Province est fort grande, & que plusieurs Contrées sont renfermées sous le nom de Champagne; nous pouuons considerer la veritable *Champagne*, le *Senonois* & le *Bassigny* vers le Midy: le *Vallage*, le *Perthois* & *la Brie* vers le milieu ; & vers le Septemtrion le *Remois*, le *Retelois* auec les Principautés de *Sedan* & de *Charleuille*. On peut voir les Villes entre les Principales Rivieres; entre Yonne & Seyne ; entre Seyne & Marne ; entre Marne & Aisne; & entre Aisne & Meuse.

Troyes la Ville Capitale est sur la Seyne qui en cet endroit est diuisée en plusieurs Canaux. Elle a esté le seiour des Comtes de Champagne, dont elle conserue les Tombeaux & auiourd'huy elle renferme plusieurs Iurisdictions. Elle est vne des meilleures du Royaume fort peuplée & riche à cause de ses Foires. Elle est habitée de plusieurs bons Marchands & renommée pour la demeure de plusieurs Astrologues. On y fabrique entr'autres choses vne grande quantité de Papier. l'An 604. sous Clotaire II. les François perdirent proche de Troyes vne Bataille contre les Austrasiens. Entre Yonne & Seyne est la Ville de *Sens* la Capitale de la IV. Lyonnoise en la Gaule Celtique, renommée pour les Anciens Senonois qui ont tant fait de Conquestes en Italie & en Grece. Son Eglise Metropolitaine conserue plusieurs Reliques, des Ornements tres Riches & des Pareméts d'Autel d'Or massif & garnis de Perles. *Tonnerre* est vn fameux Comté sur les marches de Bourgogne en vn Pays fort peuplé & fort agreable où lon void les belles Maisons d'*Ancy le Franc* & de *Tanlay* la petite Ville de *Chably* connuë pour ses Vins & pour la Bataille de l'an 841. donnée entre les Enfans de Louys le Debonnaire, où moururent plus de cent mille hommes. *Pontigny* fameuse Abbaye membre de Cisteaux. *Ioigni* Comté, *S. Florentin* Vicomté & *Nogent sur Seine* sont Elections. *Cruß* &

Traisnel Marquisats, *Valery* Comté & belle Maison, *Ligny* & *Mailley* Vicomtés, *Bray* sur Seyne Baronie, *Marigny* Seigneurie. *Montereau faut Yonne* est à l'endroit où cette Riuiere se perd dans la Seine. sur le pont de Montereau fut tué Iean Duc de Bourgogne.

Entre Seyne & Marne il y a *Langres* Euesché d'où depend Dijon & vne bonne partie de Bourgogne: Son territoire est estimé le plus haut de France à cause de la naissance de 5. ou 6. belles Riuieres: & le plus eloigné de la Mer. Son Euesque se dit Duc & Pair de France, Marquis Comte, & Baron: la Ville est dans vne Assiette si auantageuse & habitée d'vn Peuple si guerrier qu'elle passe pour la Pucelle du Pays. En son voisinage Constantin le Grand ou Constance défit les Alemans dont il fit demeurer plus de 60. mille sur La place la Marne qui a son commencement proche de Langres va en suitte au *Val-des-Escoliers* Abbaye Chef d'Ordre auiourd'huy vnie à celle de Ste. Geneuiefue de Paris, à *Chau-*

mont Capitale du Pays auec plusieurs Manufactures, à *Vignoris* Côté, à *Ioinuille* Principauté lieu de la Sepulture des Ducs de Guyse renommé par la conclusion de la Ligue l'An 1584. proche de la est *Vassi* où il y a du Bol Armenic, & où arriua vne des premieres Emotions des Huguenots lorsque le Duc de Guise y passa pour venir à Paris. La Marne laisse à droite la Principauté de *Tingri*, le Marquisat de *Bourbonne* renommé pour ses Bains, les Seigneuries *d'Aigremont*, *Choiseul*, *Andelot*. Sur la gauche & au dessous de Chaalons est *Epernay* Election & plus auant en terre *Vertus* Comté, *Estauge* Vicomté. Aux enuirons de l'Aube qui se rend dans la Seyne, il y a *Chasteau-Villain* Comté, *Cleruaux* membre de Cisteaux, *Bar sur Aube* Comté & Election auec vn excellent Vignoble, *Brienne* Comté, *Plancy* & *Vandeuure* Baronies *Anglure* Seigneurie, *Beaufort* & *Pisney* Duchés. *Prouins* connu pour ses Roses & ses Côserues, *Sezane*, *Rosoy* & *Colomiers* sont les quatre Electiós de la Brie qui est principalement arrousée des Rivieres de Morin & Yer. Villenoce est dans vn quartier qui produit de fort bons Vins, celuy de *Montmirail* est fertile en bonnes Prunes. *Montmaur* est dans vn Pays qu'ils appellent *Gallenesse* autrement la *Brie Poüilleuse*. *Lagny* est vn passage important sur la Marne, *Monceaux* Maison Royale. *Nangis* & *Monglat* sont Marquisats, *Lesigny* Baronie, *Vieux-Maisons* Seigneurie. Au Septemtrion de Marne il y a proche de la, *Meaux* Euesché, *Fresne* belle Maison, *Chasteau Thierri*, & *Tresmes* Duchés, *Gandelu* Marquisat, *Cerfroid* Abbaye Chef d'Ordre, dit de la Redemption des Captifs.

Entre Marne & Aisne il y a de grandes Campagnes où souuent l'on fait huit & dix lieuës sans voir Arbre ny Buisson La *Vesle* & la *Suippe* y ont leur Cours S. *Dizier* Capitale du Vallage a resisté à l'Empereur Charles V. *Vitri le François* dans le Perthois a esté bastie par Ordre du Roy François I. dans le Voisinage de *Vitri-le-Bruslé*. *Chaalons sur Marne* Euesché, Comté & Pairie auec Generalité fournit grand nombre de Grains & de Draps que l'on fait descendre à Paris par le moyen de la Marne. l'An 453. il se donna vne grande Bataille dans les plaines Voisines: Attila Roy des Huns qui se qualifioit Fleau de Dieu y fut defait par Merouée, assisté de Theodoric Roy des Visigots qui fut tué & d'Ætius Lieutenant de l'Empereur Valentinian. 180. mille hommes y demeurerent sur la place. Pendant les Guerres de François I. & de l'Empereur Charles V. en vn Rencontre proche de Chaalons la Noblesse Françoise reconnut que l'vsage des Pistolets estoit plus auantageux que celuy de la Lance. *Reims* est vn Archeuesché, son Prelat porte titre de premier Duc & Pair de France auec droit de Sacrer les Roys au moyen de la Sainte Ampoule que l'on garde dans l'Eglise Abbatiale de S. Remy depuis qu'elle fut enuoiée du Ciel pour Sacrer Clouis nostre premier Roy Chrestien. l'Office diuin s'y fait auec de fort belles Ceremonies & aussi bien comme à Rome en Italie &

à Tolede en Espagne. *Ay* donne son Nom à des Vins qui sont recherchés pour leur delicatesse. *Fismes* & *Machault* sont petites places. *Ste Menehou* est considerable pour sa force & pour ses Prises & Reprises. *Chasteau Porcien* est Principauté, *Sillery* Marquisat, *Rouci* Comté.

Entre Aisne & Meuse il y a *Retel* qui communique son Nom au Duché de Retelois: peu de Villes ont esté si souuent prises comme celle cy pendant ces guerres. l'An 1650. l'Armée du Roy commandée par le Marechal du Plessis Prassin remporta en son voisinage vne belle Victoire sur les Troupes d'Espagne & celles du party du Prince de Condé conduites par le Mareschal de Turene. *Grandpré* sur Air & *Auaux* ont titre de Comté; de ce Nom d'Auaux la France a eu de nostre temps vn Ministre d'Estat qui a eu l'Aprobation Vniuerselle de l'Europe pour sa haute conduitte. Les Habitans du *Chesne* ont le droit de conduire la Ste. Ampoule en armes au Sacre du Roy. Vne vallée voisine porte le nom de *Bourg*. *Rocroy* sur la Frontiere a esté renommé dans ces dernieres Guerres; Nostre Roy Loüys XIV. à son auenement à la Couronne y a remporté la premiere de ses Victoires sur les Espagnols par la conduitte du Prince de Condé, *Mouson & Mezieres* à droite de la Meuse sont fortes & Importante pour leurs passages. Autrefois le Gouuerneur de Mouson a eu droit de donner Grace.

La Principauté de Sedan est de petite Estenduë mais son Importance la rend bien considerable, les fortifications de la Ville & du Chasteau de *Sedan* passant pour les plus belles de l'Europe. l'An 1641. l'Armée du Roy sous le Marechal de Chastillon y fut mal-traittée par celles des Princes ligués, le Comte de Soissons Victorieux y perdit la vie. l'Année suiuante la Principauté, la Ville & le Chasteau furent acquis au Roy: Et depuis Sa Maiesté a donné en eschange au Duc de Büillon des Terres en Champagne, en Normandie, en Auuergne & en Guyenne. *Charleuille* est vne Ville nouuelle baſtie par ordre du Duc de Mantoue l'An 1607 en la Principauté d'Arches. Rancour, S. Menge, Mehon, Chaſteau-Regnau & quelques autres Terres ſur la frótiere ont titre de Principauté. Les enuirons de Chaſteau Regnau fourniſſent quantité de belle Ardoiſe.

BRETAGNE.

Pluſieurs aſſurent que les Bretons ont eſté pluſtoſt en Gaule qu'en la Grande Bretagne. Que ſi leur teſmoignage n'eſt point valable il ne faut pas chercher ailleurs l'Origine du Nom de Bretagne que dans l'Angleterre, ſoit que les Anciens Bretons eſtans chaſſés par la peſte ou pluſtoſt par les Anglois & paſſés dans le Pays de Galles & en celuy que nous appellons auiourd'huy Bretagne, ayent eſtably en celuy cy leur demeure, leur Nom & leur Langue qui eſt toute differente de la Françoiſe ; ſoit que pendant la Rebellion de Maximus quelques Legions de la Grande Bretagne y ayent pris leur quartier. Le Nom d'*Armorique* luy a esté donné à cause qu'elle est assise le long de l'Ocean, où elle a des ports en plus grand nombre & les meilleurs qu'il y ait en tout le reste du Royaume. En trois endroits elle est enuironnée de Mer, vers le Septemtrion, vers le Couchant, & vers le Midy. Au Leuant d'Hyuer elle a le Bas Poictou, elle a l'Aniou & le Maine à l'Orient ; & au Leuant d'Esté la Normādie. Elle est l'vne des plus grandes Prouinces du Royaume, sa Longueur passe 70. lieuës, sa Largeur est de 30. 35. & 40. lieuës. Elle se trouue entre 15. & 19. Degrés de Longitude : Entre 47. & 49. de Latitude. Quelques vns la font ressembler à vn Fer de Cheual. l'Importance de son Assiette a porté Charles VIII. & Loüys XII. a en Espouser l'Heritiere. Elle a eu ses Ducs bien puissants & mesmes elle fait vn denombrement des Roys & des Comtes qu'elle a eu auparauant & apres le commencement de la Monarchie Françoise. Elle enuoye au dehors vne grande quantité de Toiles. Elle a du Beurre, & du Laict en abondance à cause des Pasturages de ses Landes. On y recueille du Bled Noir que nous appellons Bled Sarrazin qui ne se trouue pas si bon que le nostre, mais la Mer suplée à ce defaut en fournissant plusieurs sortes de Poissons qui ne se voyent point ailleurs. Elle a des Minieres de Fer, de Plomb & d'Argent. Elle a tant de Haras qu'en la Tenuë des Estats il s'y trouue quelquefois plus de quatorze mille Cheuaux, les Bretōs estants si ialoux de preseance qu'ils font vanité d'auoir vne belle suitte Il n'y a presque point de Vignobles au grand regret des Habitans qui font venir des Vins d'Aniou, de Gascogne & d'Espagne. Ils semblent grossiers en apparence, mais en effet ils sont rusés & adroits en leurs affaires. Il sont parmy eus fort peu de ceux de la Religion pretenduë. Plusieurs de leurs Villes conseruent le Nom & la Memoire des Euesques qui ont esté Santifiés & dont ils ont les Corps. En se donnant à la France ils ont conuenu que les Dauphins auroient le Titre de Ducs de Bretagne, & leurs Armes Ecartelées de France, de Dauphiné & de Bretagne, mais cela n'a pas esté obserué. François I. y a quelquefois fait son seiour auant son auenement à la Couronne. Ce Prince qui aimoit la Chasse a donné de beaux Priuileges aux Charboniers de la Forest de *Lyslay*. En celle de *Bresselian* on remarque le Perron de Merlin, Ancien plaisir des Cheualiers Errans. On diuise toute la Bretagne en *Haute* & *Basse*, celle cy vers l'Occident & l'autre vers l'Orient. Ceux qui considerent les diuerses Langues en font trois Parties. Ils donnent aux Euesché s de *Dol*, *Rennes* & *S. Malo* l'Vsage de la Langue Françoise ; Ils donnent l'Vsage de la Langue Bretonne, aux Habitans des Eueschés de *Cornoüaille*, S. Pol-de Leon & *Treguier*. & vn Langage meslé à ceux des Eueschés de *Nantes*, *Vannes* & *S. Brieux*. Ces 9. Eueschés sont sous l'Archeuesché de Tours. La Recepte des Deniers s'y fait conformement à l'Estenduë des Dioceses. La *Vilaine* qui passe à Rennes est la plus considetable de ses Riuieres, Elle reçoit l'*Oust* à Redon. l'*Ardre* se rend dans la Loyre à Nantes: les autres se rendent pour la pluspart en l'Ocean, le *Couesnon*, la *Rance*. le *Trieu*, l'*Auen* le *Laita* le *Blauot* &c.

La Haute Bretagne a la plus grande Ville & la Capitale de toute la Prouince, *Rennes* tousiours fidele au Roy pendant les Mouuements du Pays: elle est le seiour d'vn Euesque & d'vn Parlement. La Ville de *Nantes* en est la plus forte auec vn bon Chasteau, elle est pareillement la plus Marchande par le moyen de la Riuiere de Loyre sur laquelle elle a vn fort beau Pont & par le moyen du flux & reflux de la Mer. Elle est estimée l'vne des 3. plus Anciennes de Gaule sous le Nom de *Condiuicum* & *Corbilo*. Elle a Generalité, Chambre des Comptes & Vniuersité. Elle a esté le seiour des derniers Ducs & le Titre de leurs fils Aisnés sous le nom de Comté, comme *Dinant* celuy de leurs Puisnés. Nantes est Euesché de mesme que *Dol*, *S. Brieux* & *S. Malo*. La forte Assiette de celle cy dans la Mer & son grand Commerce dans les Pays éloignés la rendent considerable. Elle est comme gardée la nuit par des Dogues qui font le Guet & la Rôde autour de la Ville. On doit la decouuerte du Canada à vn de ses Habitans nommé Iacques Cartier. *Dol* a quelques Aqueducs, & des Terres en son voisinage nommés *Diableres*. Quelques Familles y portent pareillement le Nom de *Diables*, peut estre qu'elles sont restées des Anciens *Diablintes*. Quelques Ducs de Bretagne ont eu dessein de faire ériger l'Euesché de Dol en Archeuesché. *S. Brieux* dit *des Vaux* fut la seule Ville qui se conserua pendant les guerres entre les Maisons de Blois & de Montfort. Les autres Villes sont *Fougeres*, *Vitrey* Baronie, *Lamballe* où l'on fait de bon Parchemin & d'où l'on fait venir les meilleurs Pionniers du Royaume. *Quintin* renommée pour ses Toiles. *Montfort la Canne* pour la particularité d'vne Canne Sauuage qui le Iour de S. Nicolas se rend à ce que l'on dit dans le Fauxbourg en l'Eglise de ce

Sainct & puis se retire au grand estonnement du Peuple. *Iocelin*, *Ploermel*, *Redon*, *Guerande* où il y a quelques Salines. *Belain*, *Chasteau Briant*, *Ancenys* &c. *Cancale* donne son Nom aux bonnes Huistres que l'on pesche en cette Coste *Le Croisic* est vn bon Port de Mer, proche de l'Embouchure de la Loyre. Au bas de cette Riuiere on a la commodité de bastir plusieurs Vaisseaux par le moyen des Bois: le Nompareil sous François I. & le grand Caraquon sous Henry II. y ont esté construits. *S. Meen* est vne Abbaye en l'Euesché de S. Malo, où l'on a soin des pauures Galleux. Il y a les Duchés de *Rohan* & de *Raitz*: Machecou est la Capitale du Duché de Raitz. *Rohan* pretend estre la premiere & la plus noble Maison du Pays. *Goulaine*, *Coislin*, *Asserac*, *Molac*, *la Moussaye*, *Assigney* sont Marquisats. *Rieux* & *Maure* Comtés. *Chantoceaux*, *Pont-Chasteau*, la *Roche-Bernard* Baronie *Clisson*, *Malestroit*, *Lochac*, *la Hunaudaye*, *Matignon* sont Fameuses Seigneuries. *S. Aubin du Cormier* est re-

marquable par la Bataille de l'An 1488.
Elle fut gagnée par Loüys de la Trimouille Chef de l'Armée du Roy Charles VIII. contre le Marechal de Rieux General du Duc de Bretagne; Loüys Duc d'Orleans depuis Roy de France, & François Comte de Dunois y combatirent à pied pour les Bretons & furent faits prisonniers.

La Basse Bretagne a 4. Eueschés *Cornoüaille, Vennes, Lantriguier* ou *Treguier* & *Leondoul* ou *S. Pol de Leon.* *Quimper* ou *Quimper-Corentin* est Capitale du Pays & de l'Euesché de Cornoüaille. *Vennes* a autrefois esté République si puissâte sur la Mer que Iules Cesar eut beaucoup de peine à la sousmettre. l'Assiette de la pluspart de ses places en des Presqu'Isles & en des Pointes de Mer fauorisants sa resistance. Ceux qui pour lors frequentoient les Mers voisines estoient ses Tributaires. Quelques Autheurs disent que les Venitiens en sont descendus. Elle a en son voisinage les Restes du Chasteau de *l'Hermine*, Ancien Palais des Ducs de Bretagne; Son Golfe

Golfe de *Morbihan* renferme plus de trente Isles qui ne souffrent point de Bestes Venimeuses. Il est si commode qu'il a donné suiet au dessein d'vne Nouuelle Ville auec de grands Priuileges pour la facilité du commerce de Leuant & de Ponant. *Leon* donne son Nō à vne Principauté, ses Habitās parlēt le Bas Breton auec plus de Politesse que les autres, quelques Ducs de Bretagne y ont fa t leur seiour. *Auray, Quiberon Concarneau* beaucoup forte *Penmark*, le *Conquest* à l'vn des Bouts du monde où d'ordinaire s'arrestent les Vaisseaux, *Roscou, Lannion* sont places considerables sur la Mer, mais *Brest* & *Blauet* autrement le *Port Loüys* emportent le prix pour leurs belles Fortifications & pour la Bonté & Capacité de leurs Ports. Celuy de Brest est le meilleur de l'Europe, le Magazin de l'Amirauté de France pour les Vaisseaux qui vont sur l'Ocean, dans vn Golfe au dedans duquel la Mer fait quatre entrées diuerses. Celuy de Blauet fut donné aux Espagnols par ceux de la Ligue, & pendant la guerre contre ceux de la Religion pretenduë, Soubize eut deſſein de s'en rendre Maiſtre. Proche de *Lannion* on void les Ruines de l'Ancienne Cité des Oſſiſmiens conniies ſous le Nom de *Caſquiondet*. En Terre il y a *Hennebont*, *Quimperlay*, *Landernau* dans le meilleur terroir de toute la Bretagne, *Morlaix*, Ville de commerce *Pontrieux*, *Corlay*, *Karhais*, &c. La Principauté de *Guimené* eſt en ce Pays, le Duché de *Penthievre*, dont Guincamp eſt la Ville Capitale, le Marquiſat de *la Roche*, lu Comté d'*Avaugour* dōt les Seigneurs ſont ſortis des Anciens Ducs de Bretagne. Bell'*Iſle* & *Oüeſſant* ſont deux Iſles qui ont titre de Marquiſats, celle-cy vers le Couchant. Belle Iſle eſt vers le Midy, conſiderable pour ſes Salines & pour le paſſage des Vaiſſeaux qui ſont neceſſités de la reconnoiſtre.

LE MAINE.

Le Maine ſemble tirer ſon Nom des Anciens Peuples *Cenomani* qui ont fait partie de la Troisiesme Lyonnoise en la Gaule Celtique & qui ont envoié plusieurs Colonies en Italie, dés le temps mesmes du Berceau de la Vieille Rome. Il est entre 19. & 21. Degrés & demy de Longitude, aux environs des 48. Degrés de Latitude. Sa Longueur est bien de 35. Lieües, la Largeur de 22. Il a la Normandie au Septemtrion, la Bretagne au Couchant, l'Anjou avec vne partie de la Touraine au Midy & au Levant le Vendosmois & le Perche.

Le Pays produit des Bleds, des Vins des Lins, du Bestail & autres commodités de mesme que les Provinces Voisines. Il a plusieurs belles Forests & quelques Mines de Fer. Les Manceaux ont d'ordinaire beaucoup d'Esprit; Ils sont adroits, subtils, & bien-disants; Ils nous ont fourny des Poëtes, des Philosophes, des Mathematiciens, & des Medecins extremement habiles. Ils ont la reputation d'estre des plus adroits en leurs affaires, c'est pourquoy on dit qu'vn Manceau vaut vn Normand & demy: ce Prouerbe a

E ij

pris naiſſance d'vne Mōnoye du Maine qui par l'Ambition des Comtes du Pays valoit vne moitié plus que celle de Normandie.

La Capitale de la Prouince eſt *le Mans* à l'Aſſemblage de Sarte & Huyſne dans vne Aſſiette agreable: Elle eſt Grande, Ancienne & Populeuſe auec titre d'Eueſché, qui a pour Metropolitain celuy de Tours. On remarque de cette Ville que les Anglois l'aſſiegeans l'An 1425. Ils mirent en vſage la groſſe Artillerie qui n'auoit pas encor eſté veuë en France. En remontant le Sarte on trouue les Villes de *Beaumont le Vicomte* & *Freſnay*. *Mayenne* Duché & Pairie eſt ſur vne Riuiere de meſme Nom qui ſe rend dans la Loyre au deſſous d'Angers. *Laual* eſt vn des plus nobles Comtés du Royaume, Il eſt renommé par la quantité de Toiles que l'on en tranſporte. *Sablé*, *Vaſſé*, *Ballon*, *Galeräde* ſont Marquiſats; *Brulon*, la *Suze*, *Belin* Comtés *Breſteau* Vicomté. La *Ferté Benard*, *Chaſteau du Loir* & *Ste. Suſanne* Baronies. La Ferté Benard a vne Iuſtice dont les appellations vont directement à la Cour de Parlement de Paris. Aux enuirons du Chasteau du Loir est le petit Pays de *Vau-du-Loir* fertile en Bleds & en Vins Blancs & Clairets. *Ste. Susanne* est Capitale du petit Pays de *Charnie*. *Malicorne* sur Huisne est Seigneurie considerable. Le Chasteau de *Pescheul* qui en est proche est la plus belle Maison de la Prouince. *Memers* sur les Confins du Perche est dans le petit Pays de *Sonnois* qui a titre de Baronie. Tout le Pays du Maine est du Parlement de Paris. Le Mans, Laual, & Chasteau du Loir sont autant d'Elections sous la Generalité de Tours.

LE PERCHE.

Le Nom de *Perche* n'a aucun raport auec celuy des Peuples *Aulerci* qui ont habité ce Pays en la *Troisiesme Lyonnoise*. C'est vn Ancien Comté reuni à la Couronne l'An 1226. sous le Roy Louys VIII. Il se trouue entre 48. & 49. Degrés de Latitude & entre 21. &

E iij

22. & demy de Longitude. Sa Longueur est d'enuiron 18. Lieuës, sa Largeur est presque aussi grande. Il touche à la Normandie vers le Septentrion, & au Maine vers le Couchant: le *Vendosmois* & le *Dunois* luy sont vers le Midy & le *Pays Chartrain* vers le Leuant. Plusieurs Riuieres y ont leurs Sources, l'*Eure*, le *Loir* & l'*Huysne*. Il reconnoit principalement deux Euesques pour le Spirituel, celuy de Chartres & celuy de Seez: le Parlement de Paris pour la Iustice: & pour les Finances les Generalités d'Orleans & d'Alençon. Le Reuenu des Habitans consiste en Bleds, en Prairies & en Pasturages.

Il y a le *Haut* ou *Grand Perche* auec titre de Comté, le *Bas Perche* ou *Goüet*, la *Terre Françoise*, & les *Terres Demembrées*.

Dans le Haut Perche *Nogent le Retrou* est estimé la Capitale & neantmoins il n'est qu'vn Bourg, mais l'vn des plus beaux de France; riche par sa Manufacture de Serges, Toiles, & Cüirs. *Pellesme* est accompagné d'vn Ancien Chasteau auec vn Domaine fort considerable: Elle est le lieu d'Assemblée pour les Estats du Pays, où elle est appellée la premiere: les Eaus d'une Fontaine voisine ont la reputation d'estre aussi Salutaires que celles de Pougues & de Forges. Mortagne est grande & bien Peuplée, ornée de plusieurs belles Eglises. La Perriere ayant esté ruinée est auiourd'huy peu de chose. Les Baronies, de la Loupe, Filiers, Courville & Pont-goin sont les plus considerables du Pays, celle-cy a l'Euesque de Chartres, auec la Mouuance de plusieurs Seigneuries.

Le Perche-Goüet a cinq Baronies, Anton, la Bazoche, Montmirail, Alluye & Brou. Alluye porte auiourd'huy le titre de Marquisat.

La Terre Françoise consiste dans le ressort de la Tour Grise vis à vis de Verneüil en Normandie: son Bailly reconnoit immediatement le Parlement de Paris.

Entre les Terres demembrés Il y a le Timerais qui a pour Ville Capitale Chasteau neuf en Timerais & La Principauté de Senonches.

LA BEAVCE.

Le Nom de *Beauce* est particulierement donné à ces grandes Plaines qui se rencontrent sur le chemin d'Orleans à Paris. Sous celuy de *Grande Beauce* nous comprenós le *Pays Chartrain* & le *Gastinois* proche de l'Isle de France; le *Vendosmois* & le *Dunois* proche du Perche; le *Puisaye*, l'*Orleannois*, la *Sologne* & le *Blaisois* en la partie Meridionale qui est aux enuirons de la Loire. Tous ces Pays sont renfermés entre le 47. & le 49. Degré de Latitude & l'on conte 35. lieuës depuis Remorentin iusqu'à Dreux qui sont sous vn mesme Meridien. La longueur est plus grande depuis le Maine iusques aux confins de Champagne & de Bourgogne, elle a plus de cinquante lieuës depuis enuiron le 21. Degré & demy iusqu'au 24. & demy de Longitude. Le Berri & le Niuernois se trouuent au Midy de cette grande Beauce: La Bourgogne & la Champagne à l'Orient; l'Isle de France, & le

Perche vers le Septemtrion; le Maine à l'Occident; & la Touraine à l'Occident d'Hiuer. Sa fertilité en Bleds le fait passer pour le Grenier de Paris. Le Pays Chartrain a gardé le Nom de ses Anciens Peuples *Carnutes* qui ont esté dans vne telle estime de Vaillance que Iules Cesar disoit qu'ils n'obeissoiét pas à Cesar, mais à ses Armes: Ils furēt en suitte Alliés des Romains. la Ville de *Chartres* est fort Ancienne, elle a eu autrefois ses Roys particuliers, auiourd'huy elle a titre de Duché, elle conserue les restes d'vn Temple basty auāt la naissance de Iesus-Christ. Les deux Clochers de son Eglise Cathedrale sont les plus beaux, les plus gros, & les plus hauts de France. Son Euesché a plus de Paroisses qu'aucun autre du Royaume. Le Gastinois a receu son nom des Gastines qui sont des Contrées peu fertiles & pleines de Rochers & de Bois, la Ville de *Montargis* y est accōpagnée de son Chasteau. Sous le Roy Charles VII. Iean Comte de Dunois Bastard d'Orleans tua 1600. Anglois de l'Armée des Comtes de Varuic & de Suffolc & secourut la place que ceux cy assiegeoient. *Vendosme* Capitale du Pays de mesme nom a esté erigée en Duché & Pairie par François I. en faueur de Charles de Bourbon. Les Habitans se preualent d'auoir eu le Poëte Ronsard pour Compatriote: ils disent que leur Abbé de la Trinité peut prendre le titre de Cardinal de S. Pixe.

Chasteau Dun a eu pour vn téps titre d'Euesché; elle a donné le nom à vne famille Illustre qui a rendu de Signalez Seruices à nos Roys. Ses Fauxbourgs sōt fort bien bastis & du moins aussi agreables que la Ville.

Le Puisaie a pour Ville Capitale *S. Fergeau* Duché a Mademoiselle d'Orleās.

L'Orleanois est aux environs de la Ville de mesme nō & de la Riuiere de Loire le long de laquelle on a renouuellé les Digues & Leués de Terre pour empescher ses debordements. La Ville d'*Orleans* al *Genabum* tient rang parmy les meilleures du Royaume: elle est belle & agreable, assise vers le milieu du cours de la Loyre. Au moy, en de cette Riuiere elle a la commodité d'enuoier au dehors ses Vins & les autres biens que la Nature luy donne auec profusion; Il n'y a point de Villes en France où aboutissent tant de grands Chemins paués: Elle est l'abord & le seiour des Estrangers à cause de l'accortise de ses Habitans & de la politesse de la langue qu'ils ont en vne si haute estime que nous auons le Castillan en Espagne, le Toscan en Italie & que les Anciens Grecs ont eu la Langue Attique. Le Nom de Guepin est donné au commun Peuple qui n'a rien veu & qui d'ordinaire est aigre. Elle a eu titre de Royaume, son Euesque a le pouuoir de deliurer vn Prisonnier lors qu'il fait son entrée. Cinq Conciles Nationaux y ont esté tenus. Elle a auiourd'huy Generalité & vne Fameuse Vniuersité: trois sieges memorables qu'elle a heureusement soustenu l'ont fait renommer dans l'Histoire: Elle a mesme resisté à Attila Roy des Huns, la terreur de toute l'Europe. Sous titre de Duché elle est vn des Appenages de son Altesse

E vj

Royale Oncle du Roy. En son voisinage l'An 1428. fut donnée la bataille des Harans qui fut perduë par le Duc de Bourbon voulant secourir la Ville contre les Anglois, & deliberant par mépris l'ordre de l'Attaque. Il y a en la Sologne *Remorentin* auec titre de Comté. Les Habitans disent que leur Ville a quelque chose de semblable a celle de Rome.

Blois est vne agreable Ville auec vn des plus beaux Chasteaux du Royaume. Plusieurs Fils de Roys y ont fait leur seiour à cause de la bonté de son Air. l'An 1588. les Estats Generaux y furent tenus. On y trauaille les meilleurs Moustres de l'Europe. On voit en son voisinage des restes d'Aqueducs & les restes de l'Orcheze qu'ils disent auoir serui de Grenier à Iules Cesar; Il y a aussi de la Terre scellée; on y estime les Cresmes de S. Geruais, les Poires de Bon Chrestien & les Prunes de Perdrigon. Entre les autres Villes *Dreux* est proche de l'Isle de France dont elle est estimée partie acause que son Election est sous la Generalité de Paris Elle est renommée pour ses anciens Druides, pour son Antiquité qui luy fait auoir la preseance sur Chartres & autres Villes dans les Estats Generaux & pour la Victoire des Catholiques Royaux l'An 1562. ou les deux Chefs des deux Partis furent faits prisonniers le Prince de Condé & le Connestable de Montmorancy, *Ianuille*, *Merenuille Pluniers*, *Lorris* sont dans la plaine: *Cosne*, *Bony Gien* auec titre de Comté, *Gergeau* & *Beaugency* sont proche de la Loyre, cette derniere Ville auec vn Pont de Pierre de vingt & deux Arches. *Briare* donne son nom au Canal qui communique la Loyre auec la Seyne, par le moyen du Loin: Elle fait vn grand trafiq de Bois & de Cendres. l'An 1652. il y eut proche de la, combat entre les troupes du Roy & celles des Princes. *Clery* est connu pour la deuotion à nostre Dame. *Patay* pour la Victoire des François sur l'Armée Angloise commandée par Talbot l'An 1429. *Auneau* pour le Combat gagné par le Duc de Guyse sur les Alemans l'An 1582.

Chambourt est vne belle Maison proche de Blois de mesme que *Chasteau Neuf* proche de Gergeau. Outre les Duchés d'Orleans, de Chartres, de Vendosme & de S. Fergeau il y a ceux d'*Estampes Nemours, Chastillon & Sully* Celuy-cy erigé en Duché & Pairie l'An 1606. *Lauardin* proche du Maine a titre de Marquisat Il y a nombre d'autres Seigneuries *Nogent le Roy, Maintenon, Galardon, Mondoubleau,* la *Ville aux Clercs, le Ganelon.* Vn Seigneur de ce Nom procura la deffaite de quelques François à leur retour d'Espagne du temps de Charlemagne. *Mompipeau, Vitri, le Halier, Toussy* &c.

Quelques Riuieres de ce Pays ont des particularités considerables: le *Loiret* proche d'Orleans n'a que deux lieuës de cours & neantmoins il ne gele iamais & est nauigable à sa Source. La *Conie* qui se rend dans le Loir est vn Marais & vne Riuiere qui ne s'enfle point ni ne se trouble par les pluies. Il croist au plus profond de l'Esté. Sa Crue extraordinaire pronostique les maladies & la peste l'Automne suiuant à ce que disent les habitãs. l'Yerre proche de la à les Particularités du Tigre: il se cache en terre & puis il en sort. On dit que l'Estang de *Verdes* ietta des poissons cuits lors de l'empoisonnement du Roy Childebert & de la Reyne sa Femme.

LE NIVERNOIS.

Le Niuernois se trouue aux enuirons du Parallele qui passe par le 27. Degré de Latitude, entre 24. & 25. Degrés de Longitude. Sa Longueur est bien de 20. lieuës, sa Largeur d'enuiron autant. Il a la Bourgogne à l'Orient & vers le Septemtrion; le Puisaïe au Couchant d'Esté ; le Berri à l'Occident: & le Bourbonnois au Midy. Sa Figure est à peu pres ronde: Son Nom luy est demeuré de sa Ville Capitale. Ses Anciens Peuples *Vadicasses* ont fait partie de ceux qui ont esté connus sous le Nom d'*Ædui*. Le Pays est plein de Bois: Il a quelques Mines d'Argent & des Mines de Fer en grand Nombre; il fournit quantité de Pierre a baſtir, la plus belle de Frāce. On y fait denombrement d'vne trentaine de Villes & de huit petites contrées comme le *Moruant* où eſt *Chateau Chinon*, fameuſe Seigneurie; le *Bazois* où eſt Decize le *Donzyois* où eſt Donzy, &c.

La Ville de *Neuers* al *Noniodunum Æduorum* ſeruit autrefois de Magaſin a Iules Ceſar. Elle n'a pas moins d'Antiquités en ſes Egliſes qu'en ſes Murailles; Elle n'a point de Fauxbourgs; Elle a vnze Paroiſſes; vn beau Chaſteau, des Foſſés pleins d'Eau & vn Pont de Pierre de taille compoſé de vingt Arches ſur la Riniere de *Loyre* qui reçoit la *Nieure* en cet endroit & qui donne à la Prouince de grandes commodités auſſi bien que *l'Allier* qui ſe rend dans la Loyre peu au deſſous de la Ville. La Riuiere *d'Yonne* fournit le moyen de faire deſcendre le Bois du Moruant dās la Seyne. Outre ces trois il y a bien vne vingtaine d'autres Riuieres. Ceux de Neuers trauaillent fort adroitement de ces ouurages de Verrerie que nous voyons par deça. Ils ont en leur voisinage les Eaus Medicinales de *Pougnes* qui est vn Bourg où l'on se rend de plusieurs endroits du Royaume & où pour ce suiet ceux de la Prouince ont fait bastir de belles Maisons. On dit que le Thresorier de l'Eglise Cathedrale de Neuers a droit de prendre sa Seáce, l'Espée au costé, Botté, Esperonné & l'Oyseau sur le Poing. *S. Pierre le Moustier* est proche du Bourbonnois, Sa Preuosté est distinguée du Duché de Neuers. La Ville de *Decize* al. *Decetia* est bien Ancienne; dans vne Isle fort élenée. On y a trouué beaucoup de Medailles des Romains: Elle est vn passage important sur la Loyre de mesme que *la Charité* qui a deux Ponts l'vn de Pierre & l'autre de Bois Sous le Roy Charles IX. le Duc des deux Ponts y passa son Armée en faueur de ceux de la Religion pretenduë Reformée. La Halle de la Charité est extraordinairement longue. Les Villes de *Clamezi* & de *Vezelai* ont des Elections, la premiere sous la Generalité d'Orleans, & l'autre sous la Generalité de Paris. A Clamezi la Riuiere d'Yonne commence à porter Batteaux *Montenoiſon* eſt vne forterefſe au milieu du Pays. *Arquien & Langeron* ont titre de Marquiſat, *La Roche Milet & la Ferte-Chauderon* ſont Baronies. La Roche-Milet a des Foires conſiderables. Le Baron de la Ferté-Chauderon ſe dit Maréchal & Seneſchal du Niuernois: Il pretend le droit de batre Monoïe.

Le Niuernois a quelquefois fait partie de la Bourgogne. Ses premiers Comtes ont eſté enuiron l'An 1888. Vne heritiere de cette Maiſon a eſté mariée à Pierre de Courtenai qui depuis fut Empereur de Conſtantinople. l'An 1538. Cette Terre a eſté erigée en Duché & Pairie apres auoir eſté poſſedée par les Maiſons de Bourgogne, de Cleues, & enfin par celle de Gonzague.

Pour ce qui eſt du Spirituel, Le Niuernois reconnoiſt pour la pluſpart l'Eueſque de Neuers, la partie Septemtrionale eſt ſous celuy d'Auxerre & la partie au dela de l'Yonne ſous celuy d'Autun. En la derniere tenuë des Eſtats Generaux ſes Deputés ont comparu auec ceux du Grand Gouuernement d'Orleannois: toute la Prouince eſt ſous le Parlement de Paris, auec des Couſtumes particulieres diſtinguées des autres. Outre Clamezi & Vezelay, Neuers, la Charité & Chaſteau Chinõ ont des Elections que l'on met ſous la Generalité de Moulins.

Ceux qui font le detail du Niuernois font mention des huit petites Côtrées. Le Vaux de Neuers ſur la Loyre, les Amognes ſur la Nieure, Les Vallées de Montenoiſon, les Vallées d'Yonne, le Moruant, le Bazois, l'Entre Loyre & Allier, le Donziois.

LA TOVRAINE.

Voicy la plus delicieuſe & la plus agreable Prouince du Royaume, arrouſée de quatre groſſes Riuieres la *Loyre*, *le Cher*, *l'Indre* & *la Vienne*. Pour la bonté de ſon Air, pour l'Accortiſe de ſes Habitans, & pour l'abondance des autres commodités de la vie, On la nomme le Iardin de la France; les

Melôs & les Prunes entr'autres fruicts y sont beaucoup estimés. Elle a bien vingt & quatre lieuës de longueur & autant de largeur en sa plus grande estenduë: cette longueur & cette largeur ne sont pas si considerables aux autres endroits. Sa Latitude plus Meridionale est vn peu auparauant le 47. Degré: Sa Longitude est apres le 21. Degré. Le Nom de Cette Prouince & celuy de sa Ville Capitale sont venus des Anciens Peuples *Turones*. Au Midy ou plustost au Couchant d'Hiuer elle a le Poictou: Elle a l'Aniou vers l'Occident: le Maine & le Vendosmois vers le Septemtrion; le Blaisois & le Berri vers l'Orient.

 La Ville de *Tours* al: *Cæsarodunum* est sans contredit vne des premieres de France, si on considere son Assiette & ses Prerogatiues. Sous les Empereurs Romains Elle estoit la Metropolitaine de la Troisiesme Lyonnoise en la Gaule Celtique; Auiourd'huy son Archeuesque a sous soy les Euesques d'Angers & du Mas & tous ceux de la Bretagne. Sa Generalité a 3. Elections en la Province Amboise, Chinon & Loches sans conter celle de Tours: toutes celles du Maine, de l'Aniou & quelques vnes du Poictou. Elle est Capitale d'vn Ancien Duché & du Gouuernement de mesme Nom qui se trouue dans le Parlement de Paris. Le trafiq des Soyes y est fort considerable: les Estrangers en ayment le seiour à cause de la beauté du Pays de la ciuilité des Habitans & de la Politesse de leur Langue; On dit en Prouerbe les Rieurs de Tours, parce qu'ils ayment à se diuertir. Vn Poëte Italien ne les estime pas propres à la guerre, non plus que ceux d'Amboise : Il est bien veritable qu'ils reüssissent mieux dans l'Employ des Finaces & des Partis. On void proche de Tours la belle Maison du *Plessis*, l'Abbaye de *Marmoutiers*, & les *Caues Goutieres* &c. On y void aussi proche de *S. Martin le Bel*, l'endroit ou l'An 726. Charles Martel deffit vne Nombreuse Armée de Sarrazins. 375. de ces Infidelles y furent tués auec leur Roy Abderame & seulement 1500. Chrestiens. De cette Victoire s'ensuiuit l'Infeodation de plusieurs Dixmes à des Terres Nobles. *Amboise* sur la Riuiere de Loyre est accompagnée d'vn beau Pont de Pierre & d'vn Chasteau Royal. En son voisinage fut decouuerte la Conspiration de ceux de la Religion pretenduë Reformée l'An 1559. *Chinon* a quelque temps serui de seiour au Roy Charles VII. qui receut en cette Ville Ieanne la Pucelle. l'Importance de son Assiette fait que l'on y tient garnison: le Fameux Rabelais en estoit natif. *Loches* est beaucoup forte accompagnée d'vn Chasteau & d'vne grosse Tour où il y a des Cages qui ont autrefois serui de Prisons. *Chenonceaux* sur la Riuiere de Cher est vne des belles Maisons du Royaume. *Langest* proche de la Loyre est renommé pour ses bons Melons. *Mombazon* & *Maillé* ou *Luynes* ont titre de Duchés; *Vilandri*, *les Pruneaux* & *Mezieres* dans le petit Pays de Brenne sont Marquisats; *Ste. Maure* Comté; *Paumy* Vicomté: *la Haye* Baronie: la *Roche Posai* Seigneurie considerable. Le *Pays de Brenne* est sur les

Marches du Berri auec la commodité de la Chasse & de la Pesche, à cause de ses beaux Estangs.

L'ANIOV.

Cette Prouince de France a plus de Riuieres qu'aucune autre de son estenduë: la *Loyre*, le *Loir*, la *Sarte* & la *Majenne* en sont les plus grandes. Elle a bien trente lieuës de Longueur & vingt de Largeur, entre 47. & 48. Degrés de Latitude & entre 19. & 21. de Longitude. Elle touche le Maine vers le Septentrion, la Bretagne vers le Couchant, le Poictou vers le Midy & la Touraine vers le Leuant. Elle est l'Appennage de Monsieur Frere Vnique du Roy auec titre de Duché. Ses Anciens Peuples ont esté connus sous le nom d'*Andes* & *Andegaui*. Le Pays est beau, agreable & fertile, sur tout en Vins que ceux du Pays enuoyent au dehors à la faueur de la Loyre. On a obserué que de tout temps il en est sorti d'Excellents Hommes. Sa Diuision Ordinaire est en haut & en bas,

suiuant le cours la Riuiere; ainsi Saumur est dans la Haute partie, Angers dans la Basse. On peut aussi le considerer au Septemtrion & au Midy de la Loyre, *Angers* est la Ville Capitale, son Chasteau est dans vne assiette auātageuse, & ses Maisons sont couuertes d'Ardoises, qui la font appeller la Ville Noire: elle est renommée pour son Vniuersité, & pour la belle Procession de la Feste Dieu où l'on void plus de 4000. Bourgeois auec Torches: c'est ce qui a fait dire que pour voir de belles ceremonies, il falloit voir la Feste-Dieu d'Angers, les Rogaisons de Poictiers & la Maïrie de la Rochelle. *Saumur* est accompagnée d'vn fort Chasteau & renommée pour la deuotion de Nostre Dame des Ardilliers & pour ses Carrieres qui vont fort loing sous Terre. Elle a Election de mesme *qu'Angers*, *Monstreuil-Bellay*, *Chasteau-Gontier*, *la Fleche* & *Baugé*. Ces 6. Elections sont sous la Generalité de Tours. *la Fleche* est connuë pour son beau College de Iesuites, *Baugé* pour la Victoire des François
sous

fous le Roy Charles VI. fur les Anglois l'An 1420. le Pont de Cé a garnison entretenuë de mesme que les Chasteaux d'Angers & de Saumur. Doué a vn Amphitheatre ou Ancien ou Moderne: Ingrande sur la Loyre fait vn bon commerce. Candé est sur les marche de Bretagne. Beaufort en Vallée est ainsi appellée à la difference des autres places de mesme nom dont celle qui a titre de Duché est en Champagne. Fontevraud & Bourgueil sont deux celebres Abbayes, la premiere chef d'Ordre. Brissac & Beaupreau ont titre de Duché, Beaupreau est la Principale place du petit Pays de Mauge. Galerande; Iarzé; Bellay; Touarcé; Brezé sont Marquisats, ce dernier erigé en Duché. Le Lude, Monsoreau & Mauleurier sont Fameux Comtés. l'An 879. il fut donné bataille proche de Monsoreau contre les Normans. Craon Baronie est connuë dans l'Histoire du Roy Charles VI. pour l'attentat de son Seigneur sur le Connestable de Clisson, dont il s'ensuiuit tant de broüilleries dans l'Estat; Bois-Dau-
F

phin, *Montejan*, *Coffé* sont Seigneuries pareillement bien considerables. *Le Verger* & *Vauiour* sont les plus belles Maisons. l'Aniou est vn Gouuernenement particulier, l'Euesché d'Angers à pour Metropolitain l'Archeuesque de Tours.

LE POICTOV.

Le Poictou a bien soixante lieües de long d'Occident en Orient entre les 18. & les 22. Degrés de Longitude: Sa largeur est enuiron de la moitié & quelquefois de 20. & de 25. lieües entre 46. & 47. Degrés de Latitude. Le Nom de *Poictou* est bien asseurement venu de ses Anciens Peuples *Pictones*. Il est fertile en Bleds, en Vins & en Bestail; il a la commodité de la Pesche sur la coste de la Mer & celle de la Chasse au dedans du Pays où il se trouue beaucoup de Gibier. l'Aniou & la Bretagne luy sont au Septemtrion, la Mer Oceane au Couchant, la Saintonge & l'Angoumois au Midy, la Marche & la Touraine au Leuant.

Toute la Prouince est diuisée en Haute & Basse partie, celle cy vers la Mer.

Le *Haut Poictou* est vers l'Orient & beaucoup plus grand que le Bas. *Poictiers* la Ville Capitale de toute la Prouince est vne des plus grandes Villes du Royaume: Elle ne veut ceder qu'à Paris pour la grandeur, mais elle est vaste, auec des Iardins & des Terres labourables en beaucoup d'endroits: Elle a plusieurs Antiquités Romaines, 25. Paroisses & plusieurs autres Eglises: celle de S. Hilaire est immediatement suiete à l'Eglise de Rome, le Roy en est Abbé comme Comte de Poictiers. l'Euesché, l'Vniuersité & vne Generalité rendent auiourd'huy cette Ville considerable & autrefois de Fameux Sieges & plusieurs Batailles: celle de *Vouïll* au commencement du sixiesme Siecle fut bien auantageuse à la France, le Grand Clouys y defit & tua de sa propre main Alaric Roy des Gots qui furent en suitte chassés du Royaume. Celle de l'an 1356. vit deffaire nos François & vit les Anglois doublement Victorieux par la prise du

F ij

Roy Iean: la Generalité de Poictiers a sous soy la pluspart des Elections du Poictou, *Chastelleraut, Montmorillon, Thouars, S. Maixent, Niort Fontenay le Comte, Mauleon* & les *Sables d'O-lonnes*. Les Elections de *Ioudun* & de *Mirebeau* sont sous la Generalité de Tours. *Dissay* est la residence de l'Euesque de Poictiers. La Ville de *Chastelleraut* est renommée pour la fabrique de ses Cousteaux & Ciseaux & pour son beau Pont de 9. Arches basti sous le Roy Henry III. la Vienne commence d'y porter batteaux apres s'estre grossie du Clain. Chastelleraud a esté erigé en Duché & Pairie par le Roy François I. en faueur de François de Bourbon Comte de S. Pol. Le *Port de Piles* ainsi appellé de sa Tour de Briques est vn passage sur la Creuse connu à ceux qui vont de Paris à Bourdeaux, *Aunay* est proche de Saintonge *Niort* est riche par le moyen de ses deux Foires Royales: Elle est sur la Sevre qui en reçoit le nom, peut estre par ce qu'elle commence d'y estre nauigable. *Sanzai* est memorable en l'Histoire du Roy Charles IX. pour le fameux Combat de l'Année 1568. *Moncontour* pour la grande Bataille de l'Année suiuäte. *Richelieu* est vne petite Ville moderne d'vne fort belle structure ; les grandes actions du Cardinal de mesme nom l'ont assés fait connoistre : Elle a titre de Duché de mesme que *Thouars, Loudun*, & *la Trimouille*. *Marsillac* est vne petite Principauté proche de la Charente. *Bonniuet, Airuault, Chandenier, Fors, la Motte S. Heraye*, sont Marquisats, *Siuray, Viuonne, Secondigny* & *Chauigny* Comtés. *Roche-Chouart, Bridiers, Brosse* & *Mombas* Vicomtés, ces deux derniers enclauésdanslaMarche. *Argenton* proche de l'Aniou & *Parthenay* sont Baronies, celle-cy Capitale du petit Pays de *Gastine*. *Lusignan* a donné des Roys de sa Famille à Cypre, à Ierusalem & à l'Armenie. Le *Bas Poictou* a pour Capitale *Fontenay le Comte* où il y a des Foires considerables. *Luçon* & *Maillezais* y ont titre d'Eueschés: celuy cy a esté de nostre temps transferé à la Rochelle, *la Roche sur Yons le Lu-*

& *Talmond* sont Principautés. La *Flosseliere* Marquisat, *Chabot* & *Olonne* Comtés: les ables d'Olonne fournissent de bons Pilotes. *S. Hermine, Vouuant, la Chaftagneraie, la Mellerai, Rocheseruiere, Afpremont* &c. sont Seigneuries considerables. Les Isles de *Nermouftier*, de *Boüin*, & l'Isle *Dieu* sont sur la Coste, la premiere auec titre de Marquisat.

L'ANGOVMOIS.

L'Angoumois est vne Prouince peu considerable pour sa grandeur n'estant longue que de vingt lieuës, & large de dix-huit, Mais la bonté de son terroir suppléé à son peu d'estenduë. Les Bleds & les Vins font vn bon reuenu aux Habitans qui sont en grand nombre & beaucoup Spirituels On y recueille diuerses sortes de simples & les Pasturages y valent presque autant comme les Salines en Saintonge. Son Affiette est entre 20. & 21. Degrés & demy de Longitude & depuis les 45. & demy iusqu'aux 46. Degrés dix Minutes de

Latitude. Au Septemtrion elle a le Poictou, au Couchant la Saintonge, au Midy la mesme Saintonge & le Perigort & au Leuant vne partie du Limosin auec quelques terres dependantes du Poictou. *Angoulesme* d'où est venu le nom d'Angoumois est la Capitale de la Prouince; elle est ancienne & forte tout ensemble; le Roy François I. l'erigea en Pairie & Duché en faueur de Louyse de Sauoye sa Mere: ses Ducs ont assés esté connus en nostre Siecle. Son Euesque est Archi-Chapelain du Roy & Baron de la Paine, Seigneurie qui se trouue renfermée dans la Ville, ses Escheuins auec leur Posterité sont annoblis par leur charge; & ses Habitans ont de beaux Priuileges en côsideration de la fidelité qu'ils ont autrefois temoignée à nos Roys contre les Anglois. Elle a son Pont sur la Charente de mesme que *Chasteauneuf* & *Cognac*. La Ville de Cognac est renommée pour ses bons Vins qui ont d'ordinaire esté seruis à la table des Roys d'Angleterre: Pour la naissance du Roy François I. Pour le combat qui obligea le Prince de Condé à leuer le Siege qu'il y auoit mis l'An 1651. & Pour la resistance qu'elle fit l'An 1569. au Duc d'Aniou Victorieux des Huguenots en la Bataille de Iarnac. *Bouteuille* est dans vn plat Pays qui pour cet effet porte le nom de *Champagne*. *La Roche-Foucault* est la plus noble Maison d'Angoumois; l'Empereur Charles V. l'a estimée vne des plus Magnifiques du Royaume, apres y auoir esté regalé lors qu'il passoit par la France, son bon Safran est transporté & reçeu en beaucoup d'endroits d'Europe sous le nom de Roche. Elle a titre de Duché de mesme que *Villebois*, connu auiourd'huy sous le nom de *la Valette*: le Duc de la Roche Foucaud est le premier & le plus puissant Vassal du Duché d'Angoulesme. *Ruffec* est Marquisat: *La Vauguion* & *Montberon* Comtés; *Iarnac*, & *Balsac*, Seigneuries, celle-cy bien connuë par vn Illustre de nostre Siecle. La Riuiere de Charente doit son comencement & la moitié de son cours à cette Prouince. Celle de *Tauure* proche d'Angoufefme a eu autrefois le renom d'eſtre pauée de Truites, lardée d'Anguilles, bordée d'Ecreuiſſes & couuerte de Cygnes. On dit qu'elle ne peut ſouffrir aucuns Batteaux qui ne ſoient tout d'vne piece & qu'autremét ils ſe pourriſſent & ſont mangés par les vers en peu de temps. Sa Source eſt d'vne profondeur qui n'a pu encore eſtre connuë; quelques vns ont crû qu'elle communique auec le *Bandiat*, petite Riuiere qui perd ſes eaus en des Precipices de la Foreſt voiſine. *La Roche-Beaucourt* eſt vne des plus belles Maiſons de la Prouince ſur les marches du Perigort. Son Iardin aproche de la beauté de celuy des Tuilleries. Elle eſt l'vne des 4. Roches que l'on met en Angoumois où l'on fait pareillement eſtat de 4. Monts.

LE BERRI.

Les Anciens Peuples *Bituriges Cubi* ont autrefois habité ce Pays qui ſe trouue entre 22. & 24. Degrés de Lōgitude & entre 46. & 47. Degrés &

demy de Latitude. Cela luy donne trente cinq ou trente six lieuës du Septemtrion au Midy & 27. où 28. lieuës d'Occident en Orient. Le Berri est vn fameux Duché qui se trouue côme au beau milieu du Royaume, ayant la Sologne au Septemtrion, la Touraine au Couchant, la Marche au Midy, le Bourbonnois & le Niuernois au Leuant. Le *Cher* est sa Principale Riuiere, l'*Indre* & la *Petite Creuse* y ont leur cômencement: Vn grand nôbre d'autres le rend agreable, fertile & abondant en tout ce qui est necessaire à la vie de l'Homme & nommement en Bleds, en Vins & en Bestail. Les Laines y sont meilleures & plus fines qu'ailleurs à cause de ses Herbes delicates & sauoureuses: c'est ce qui donne moyen de faire des bons Draps qui se debitent promptement en plusieurs Prouinces & dont les ouuriers de plusieur autres Villes empruntent le nom pour leurs Ouurages. La fidelité des Berruyers enuers le Roy Charles VII. donna occasion aux ennemis de la Couronne d'appeller ce Prince Roy de Berri. On y a veu autrefois vn bien plus grand nombre de Villes, mais la pluspart furent bruslées en la guerre que souftint Vercingentorix contre Iules Cefar. *Bourges* al. *Auaricum Biturigum* a toufiours conferué fa Prerogatiue de premiere Ville du Pais: Elle eft naturellement forte fur la Riuiere d'Eure qui commence d'y porter Batteaux à caufe de quelques autres qu'elle y reçoit: elle a eu deux diuerfes enceintes, celle des Romains & celle de l'Empereur Charlemagne. Elle a sept grandes portes, autant de Faux-bourgs, dix fept Parroiffes & vn grand nombre d'autres Eglifes. La Ste Chapelle n'y cede en rien à celle de Paris. On y fait voir les Os du Geant Briat haut de 15 Coudées, trouués proche de Cruffol en Languedoc l'An 1456. Cette Ville perdit plus de quarante mille de fes Bourgeois lors qu'elle fut prife de force par les Romains. Pendant l'auantage des Anglois en France, elle a ferui de retraite au Roy Charles VII. qui mourut depuis au Chafteau de *Meun*. Pour cet effet, les Habitans ont

F vj

eu de grands Priuileges Sa groſſe Tour a eſté abatuë l'An 1651. pendant les derniers troubles : Elle eſtoit taillée en dehors à pointe de Diamant & ſi haute que l'on en pouuoit decouurir quatre lieuës de Pays ez enuirons. On y a long temps conſerué la Cage de Fer & de Bois où fut enfermé le Roy Louys XII. auant ſon aduenement à la Couronne. Sous le Roy Charles ſus-nommé on a fait eſtat des prodigieuſes richeſſes d'vn nommé Iacques Cœur Fils d'vn Marchand de Bourges, il fut le Treſorier de Sa Maieſté & à la ſuitte du temps Seigneur de S. Fergeau, de Menetou, de Boiſi, de S. Geran de Vaux, de la Paliſſe & de pluſieurs autres belles Terres. Il y a dans la Ville vne Archeueſché dont le Prelat eſt Primat d'Aquitaine, vne Generalité d'où dependent les Elections de Chaſteau-Roux & de la Chaſtre, comme auſſi celle de S. Amand en Bourbonnois. On y fait voir vn Arbre qui marque le milieu du Royaume & quelques reſtes du Campement de Iules Ceſar lors qu'il aſſiegea la *de la France.* 133

Ville. *Issoudun* Ville & Chasteau est estimée forte à cause de ses bônes murailles, de ses larges fossés & de plusieurs Tours & Bouleuards. Ses Vins sont estimés de bône garde. *Chasteau-Roux* est Duché & Pairie, auec plus de douze cents tant Fiefs qu'arriere Fiefs *Argenton* est proche de la Marche; *la Chastre* nous a fourni vn Marechal de France, *Graçay* est connu pour sa Fabrique de Draps, *Bazancays* est proche de la Touraine. *Chastillon sur Loyre*. *Sancerre* est vn Fameux Comté, d'où dependent 31. Chastellenies & prés de 500. Paroisses. La Ville a soustenu vn memorable Siege pendant huit mois l'An 1572. le Bourg de *Baugy* a neuf Foires Franches toutes les Années, *le Blanc en Berri* est aux confins de la Touraine & de la Marche. *Boisbelle* ou *Henrichemont* a titre de Principauté. *Nancey, S. Agnan, Palluau, Charrox* sont Comtés: *Montfaucon*, auec le plus bel Estang du Pays, *Ligneres, Ste Seuere* Baronies. *Aubigny, Valancay, Vatan, S. Hou, Culant* Seigneuries bien considerables. *La Cheze au Benoist* est vne Abbaye chef d'Ordre, le *Coudray* est vne des plus belles Maisons de la Prouince.

LA BOVRGOGNE.

Il y a auiourd'huy deux Prouinces connuës sous ce nom, l'vne Françoise, & l'autre suiette au Roy d'Espagne: celle cy est quelquefois appellée Côté, Franche-Comté, Haute Bourgogne, Bourgogne Imperiale: la Bourgogne Françoise est nommée Royale & Basse auec titre de Duché. Le nom de *Bourgogne* est ce semble tiré des *Burgundiones* Peuples d'Alemagne qui succederent aux Anciens *Ædui* les bôs amis des Romains; quelques Etymologistes le font venir du Bourg *d'Ougne* situé vers le commencement de la Riuiere de Tille. le Pays a esté Royaume qui s'estendoit beaucoup dauantage vers le Midy & vers le eptemtrion Ses Ducs ont commencé en la personne de Philippe le Hardi frere du Roy Charles V. & en luy les funestes querelles de la Maison de Bourgogne contre celle d'Orleans.

Nostre Bourgogne Duché a plus de 50. Lieuës de Midy au Septemtrion à conter vn peu auant le 46. iusqu'au 48. Degré de Latitude: son estenduë de Couchant au Leuant est ordinairemét de trente lieuës & en quelques endroits plus grande, sa partie plus Occidentale estant au 24 Degré 2. Minutes de Longitude, sa partie plus Orientale au 26. Degré 45. Minutes. Cette Assiette & cet Espace rendent la Prouince vne des plus grandes, des plus fertiles & des mieux peuplées du Royaume. Les Vins y sont des plus exquis & les autres commodités de la Vie y sont si considerables, qu'elle est appellée la Mere des Bleds, des Vins & des Eaux de mesme que la Mere des Ordres. Il y a quatre Abbayes Meres ou Chefs de Congregation, *Clugny, Cisteaux, Val de Choux, & la Ferté sur Crosne*. Clugni est Chef de l'Ordre de S. Benoist & releue immediatement du Pape. Cisteaux a sous soy plus de dixhuit cent Maisons pour les Religieux & autant pour les Religieuses de l'Ordre de S. Bernard en Europe. Les Principales Riuieres sont *la Saone*, *l'Ouche*, *la Tille la Dehune*, *la Crosne*, *la Brebince*, *l'Aroux*, & *l'Armançon*: la Seyne y a sa Source & son Nom, du Village de *S. Seyne*, elle entre en Chāpagne apres auoir donné son nom à la Ville de Bar. l'Estang de *Long pendu* communique ses Eaus à l'Ocean par la Brebince & par la Loyre, & à la Mer Mediterranée par la Dehune, par la Saone, & par le Rhosne. l'An 1613. on a proposé la ionction de l'Ousche & de l'Armançon pour communiquer le Commerce de la Seyne & du Rhosne. Outre la *Propre Bourgogne* ou est Dijon il y a en cette Prouince le Pays de *Montagne* où est Chastillon, *l'Auxois*, *l'Auxerrois* *l'Autunois*, le *Charollois*, le *Masconnois*, le *Challonnois* autrement la Bresse Chalonnoise: on appelle Pays de Surseance le *Reuermont* où est Sauigny & la Terre de *Fontaine Françoise* deux petites Principautés. Le Masconnois a le Priuilege de tenir ses Estats en particulier, le Charollois appartient au Roy d'Espagne sous titre de Comté auec mouuance du Roy. Tous ces Pays ensemble ont la Champagne au Septemtrion, le Gastinois & le Niuernois à l'Occident, le Bourbonnois au Couchant d'Hyuer, le Forez & le Beauiolois au Midy, la Bresse au Leuant d'Hyuer & la Franche Comté à l'Orient. *Dyon* est la Capitale de la Prouince, Residence Ordinaire d'vn Parlement qui a premierement esté dans *Beaune*; entre les Principaux Edifices de Diion, on fait estat d'vne Ste Chapelle & de plusieurs Hostels bastis par des Seigneurs voisins du temps des Ducs de Bourgogne: l'Hospital de Beaune est vn des plus beaux bastiments de l'Europe. *Chastillon sur Seyne* est composé de deux Villes chacune auec son Magistrat; son Chasteau, auant sa ruine a serui de demeure aux Anciens Ducs de Bourgogne. *Semeur en Auxois* est diuisé en trois parties, le Bourg, le Donion, & le Chasteau, on luy donne le nom d'Auxois à la difference de Semeur en Briennois qui se trouue aux confins du Forez. *Auxerre*, *Beaune*, le Bourg d'Yranci & autres lieux sont renommés pour leurs bons Vins *Ste Reyne* pour ses Eaus salutaires ; *Autun* par ses antiquités, les Druides y ayans eu leur Senat & les Ieunes Gaulois leur Escole, elle a pareillement esté connuë par l'Institution de l'Ordre de la Toison, son Euesque Preside aux Estats Bourgogne qui se tiennent de trois en trois ans. Proche de cette Ville Iules Cesar vainquit les Suisses qui vouloient s'establir en Gaule. Les meilleures places le long de la Saone sont *Auxonne, S. Iean de Loône,* qui a glorieusement repoussé les efforts d'vne Armée Imperiale l'An 1636. *Bellegarde* autrefois *Seure* qui a veu razer ses fortifications par Ordre du Roy l'An 1653. *Challon, Tornus, Mascon &c. Verdun* est au Confluent de la Saone & du Dou: *Digoins & Bourbonlanci* sont sur la Loyre, *Arnay le Duc* a la Source de l'Aroux; *Aualon, Selongey & Nuys* ont esté meilleures qu'elles ne sont auiourd'huy; on veut faire venir le nom de cette derniere Ville des Peuples *Nuithones* qui ont demeuré vers les bouches de l'O-

de la France. 139

der en Alemagne proche des Anciens Bourguignons. *Alize* conserue par ses ruines la memoire du Fameux Siege de Iules Cesar. *Creuant* est connu dans l'Histoire depuis la defaite du Connestable tuart par les Anglois & Bourguignons l'An 1423. *Fontaine Françoise* par la Victoire du Roy Henry IV. sur les Espagnols l'An 1595. *Fontaines* auprés de Diion a veu naistre le Deuot S. Bernard, vn *Mont Ceny* s'y trouue different de celuy de Sauoye. *Bellegarde* est vn Duché, *Lugny*, *Tauanes*, *Vxelles*, *Senescey*, *Nolet*, *Comarrin*, *Mirebeau*, *Til Chastel*, *Ys sur Tille*, *Ragny* sont Marquisats, *Senescey* est la premiere Baronie du Pays. *Berzé*, *la Bazole*, *Amanzé*, Comtés. *Digoin* a ses Barons du nom de Damas, les autres Seigneuries considerables sont *Bellefon*, *Belliesvres*, *Saut le Duc*, *Noyers*, *Rochepot*, *Givry*, *Bussi*, *la Guiche* &c.

LA BRESSE.

La Bresse est presque éuironée des Riuieres de Rhosne & de Saone; de celle cy vers le Couchant, du Rhosne vers le Midy & vers le Leuant; la Franche Comté luy demeure vers le Septemtrion. Au dela de la Saone elle regarde la Bourgogne Duché, le Beauiolois & le Lyonnois: au dela du Rhosne le Dauphiné & la Sauoye: & vers le Leuant d'Esté vne partie de la Suisse: Tout ce qui est compris en cet espace peut auoir plus de vingt lieuës de longueur & autant de largeur depuis le 16. Degré de Longitude iusqu'au 27. D 15. Minutes. La partie plus Meridionale commence à 45. D. 15. Minutes de Latitude la plus Septemtrionale est au dela du 46. Outre la Bresse on y considere la *Souueraineté de Dombes, le Bugey, le Valromey, la Michaille* & le *Balliage de Ge*. La Bresse auec ses dependances est venuë en la possession du Roy l'An 601. par Eschange du Marquisat de Salusses. elle est du grand Gouuernement de Bourgogne sous le Parlement & sous la Generalité de Dijon. La Bresse & Dombes sont de l'Archeuesché de Lyon, le Bugey est de l'Euesché du Bellay qui a pour Metropolitain l'Archeuesque de Besançõ. Ell'est diuisée en Haute & Basse. La Haute Bresse est aux enuirõs de Bourg du costé du Dain qui coupe tout le Pays en deux parties presque egales; la Basse Bresse est du costé de la Saone vers S. Triuier & Pont de Vaux. Les Anciens Peuples ont esté les *Segusiani* dont la Fameuse Ville de Lyon a autrefois porté le nom à la difference des autres Villes, appellées *Lugdunum*. *Bourg* est la Capitale de la Prouince autrefois Siegé d'vn Euesque; la Citadelle y a esté vne puissante forteresse auant sa demolition; les Halles y sont des plus belles. l'Eglise de Brou qui en est proche, est d'vne structure la plus delicate qu'on puisse voir, auec la Sepulture de quelques Duc & Duchesses de Sauoye. *Trenoux* est la Maistresse Ville de Dombes auec Fabrique de Monoye, son petit Parlement est dans Lyon. *Belley* est la premiere du Bugey; son Euesque est Prince de l'Empire & Seigneur temporel de la Ville. *Chasteau-Neuf* est dans le Valtromey Cha-

stillon dans la Michaille, *Seissel* passage importāt sur le Rhosne, *Arban* aux confins de la Franche Comté. *Villars & Pont de Vaux* ont titre de Duché. *Varambon Trefort, Bangey, Mirebel, S. Sorlin, S. Rombert & Valromey,* sont Marquisats: *Montreuel & Montreal,* Comtés *Peroges* Baronie; *Coligny* Fameuse Seigneurie.

LE LYONNOIS.

Nous pouuons considerer le Lyonnois en trois façons, premierement pour le Pays aux enuirons de Lyon, secondement lors que nous y adioustons le Forez & le Beaujolois, & en troisieme lieu pour l'vn des douze grands Gouuernements de la France, qui comprend outre le Forez & le Beaujolois, l'Auuergne, le Bourbonnois & partie du Niuernois. Il est bien certain que le nom de Lyonnois est venu de la Ville de Lyon l'vne des plus Anciennes & des plus considerables de la Gaule. Le Pays suiuāt nostre seconde acceptation commence au 24.

Degré 45. Minutes de Longitude & finit au 26. Degré 15. Minutes. Sa Latitude est enuiron au 44. Degré 45. Minutes & finit au 45. Degré 50. Minutes ce qui luy dône plus de 25 lieuës de Midy au Septemtrion. l'Estendue du Couchant d'Esté au Leuant d'Hyuer passe 35. lieuës: vers le Septemtrion est la Bourgogne & le Bourbonnois: vers le Couchant l'Auuergne separée par de hautes montagnes: vers le Midy le Vellay & le Viuarais: & vers le Leuant le Dauphiné & la Principauté de Dombes separés par le Rhosne & par la Saone. Le *Forez* est aux enuirons de la Riuiere de Loyre, il reçoit son nom de la Ville de *Feurs*, & non de ses Forests comme veulent dire plusieurs Autheurs. Ses ouurages de Quinquaillerie le fait connoistre par toute la France. *Monbrison* en est la Capitale auec vne Sonnerie beaucoup estimée dans le Pays. S. *Estienne de Furens* a ses Eaus fort propres pour la trempe, d'où vient que ses Habitans mettent parfaitement bien le Fer en œuure & enuoient de leurs ouurages en la pluspart des endroits de l'Europe. Ils ont en leur voisinage vne Môtagne où il y a vne Mine de Charbon de Terre qui brusle depuis plusieurs Années. *S. Ferreol* & le *Bourg d'Argental* sont Balliages *S. Galmier* est connu pour la Fontaine dont l'Eau a le goust de Vin. *Roanne* a son port sur la Riuiere de Loyre où l'on s'embarque ordinairement pour se rendre dans Orleans. *Le Roannez* a titre de Duché, *Vrfé*, *Boisi*, *Chasteaumorant*, *Palais* & *S. Priest* sont Marquisats, le Marquis de Chasteau Morant se dit le premier Baron du Bourbonnois: dãs le voisinage d'Vrfé est le petit Pays de *Cheualez*: *Rochebaron*, *Chalmasel* & *Cousan* sont Baronies, celle cy la premiere du Pays proche de la petite Riuiere du *Lignon* celebre dans l'Astrée, *Marcilly* & *Laubespin* sont Seigneuries cõsiderables. Le *Beauiolois* est compris entre la Loyre & la Saone: la Ville & Seigneurie de *Beauieu* luy donne le nom, *Ville Franche*, en est la Capitale assise dans vn agreable Pays où elle a des Riuieres, des Montagnes, &

des

des bois de Haute Fustaye, son Conuent de l'Ordre de S. François est le premier qui ait esté basti en France.

Le Lyonnois est extrememement fertile. La Ville de *Lyon* est vne des plus riches & des mieux peuplées du Royaume; ses Marchands trafiquent en beaucoup de lieux à la faueur de la Loyre, de la Saone & du Rhosne : ils ont des Banques & des correspondances en Afrique, en Asie & en toutes les parties plus considerables de l'Europe La Ville a autrefois donné son nom à la meilleure partie de la Gaule & elle est encore auiourd'huy Archeuesché & Primatie de tout le Royaume. Entre ses fortifications Pierre-Ancise & le Bouleuard de S. Iean sont les plus considerables. l'Eglise de S. Iean à cette Prerogatiue, que son Doyen porte titre de Duc & ses Chanoines celuy de Comte. l'Hospital de Lyon est vn des beaux bastiments du Royaume. La Ville de *S. Chaumont* voit mettre vne grande quantité de Soye en œuure toutes les années. Elle a le titre de Marquisat & elle est proche du petit Pays de *Iarez*.

G

Coindrieu est renommé pour son bon Vignoble dont le Plan fut apporté de Dalmatie par les soins de l'Empereur Probus. Vne Montagne voisine est connuë sous le nõ de *Pilate*. *Ance* sur la Saone est l'endroit où l'on a voulu ioindre la Loyre & la Saone au moyen des petites Riuieres qui s'y rendent de part & d'autre au depart de la Montagne de Tarare.

L'AVVERGNE.

On donne à cette Prouince quarante lieues du Midy au Septemtrion, & trente lieues du Couchant au Leuant. Le Bourbonnois est à son Septemtrion; le Forez à son Leuant; le Vellay, le Giuaudan, & le Roüergue à son Midy; le Querci, le Limosin, & la Marche à son Couchant. La Longitude plus Occidentale est à 23. Degrés, la plus Orientale à 25. La Latitude commence enuiron à 44. Degrés. & demy, & va iusqu'au delà des 46. Degré; Le Nom d'*Auuergne* est venu des peuples *Arnerni*, qui furent autrefois

Chefs d'vne Factiō fort considerable dans la Gaule, & qui seuls fournirent iusqu'à trente cinq mille Hōmes, contre les Romains. Ces Peuples ont esté reconnus bien au dela des Bornes que nous donnons auiourd'huy à l'Auuergne, ayans estendu leur Dominatiō iusqu'au Rhin, & iusqu'à la Mer Mediterranée. Ils se sōt dits Freres des Romains cōme estans descendus des Troïens: Ils ont mesme eu des Roys, dont les Richesses ōt esté excessiues, & dōt les Armées ont quelquefois eu plus de deux cent mille hōmes. Thierri Roy des Gots conduisoit ses Soldats en Auuergne, sous l'esperance qu'il leur donnoit d'vn grand butin. Les Nobles d'auiourd'huy n'y sont pas moins Genereux que leurs Ancestres, & le commun Peuple y est d'ordinaire prudent & adroit en toutes ses affaires.

Il y a Haute & Basse Auuergne. *La Haute* est toute dans la Montagne, La Basse est le long de l'Allier, la plus part en plaine, connuë sous le nom de *Limaigne*, l'vne des plus fertiles Prouinces du Royaume.

En la Haute Auuergne *Aurillac* & *S. Flour* sont les Villes Capitales, les Etymologistes font venir le nõ d'Aurillac, des grains d'Or que l'on trouuoit autrefois dans vn Lac proche de la Ville. *S. Flour* est vne Ville Episcopale, qui doit son commencement à la Fondation d'vn Prieuré: Elle est assise sur vn haut roc escarpé: *Mauriac* est vne des meilleures Villes, auec des Foïres de Cheuaux fort considerables, & vn College de Iesuites l'vn des premiers establis en France. *Madic* est la plus belle Maison du Pays, proche du lieu où la Dordogne reçoit *la Ruë*, qui fait la separation des deux Auuergnes. La Riuiere de *Cere* y a la pluspart de son cours. Le Mont de *Cantal* y est extraordinairement haut, long de plus de trois lieuës & presque tousiours chargé de neiges. Au lieu que les Montagnes de la pluspart des autres Contrées sont d'ordinaire nües & pleines de Roches; celles de ce Pays ont quantité d'Herbages, & des simples que l'on vient chercher d'Italie, & d'autres Pays auecque grand foin. On tient que l'on y recouure plus de lait qu'on ne recueille de Vin dans la Limagne. C'eſt ce qui donne moyen de faire les Fromages que l'on porte en la pluſpart des Prouinces de France. Le tranſport des Muletz fait pareillement vn des Principaux Reuenus de la Montagne.

La Baſſe Auuergne eſt pleine de Villes qui ſe trouuent à l'Occident & à l'Orient de *l'Allier.* Elle a des Bleds & des Vins en abondance, & tout ce qui eſt neceſſaire à la vie humaine. Vn agreable Vignoble regne depuis Langeac iuſqu'à S. Pourçain; Le Vin en eſt des plus exquis, & ne fleſtrit point les füeilles que l'on y met: ſa bonté en a autrefois fait tranſporter des Crocettes à Orleans, où l'on donne auiourd'uy le nom d'Auuergnat au Vin qu'elles produiſent. Outre les Vins, les Habitans enuoient au dehors quantité de Tapiſſeries, des Draps, des Burats, des Camelots & des Eſtamines; des Poeles, des Chaudrons, des Cartes à Iouer, du Fer, de l'Azur & d'autres Denrées. La Ville Capitale de toute l'Auuergne est *Clermont.* Ancien Comté, recommandable pour ses bós Vins, & pour le sciour d'vn Euesque. Son Eglise Cathedrale est bien bastie, & couuerte de plomb estamé. Les bons Autheurs l'estiment Ancienne *Gergouie* qui fut glorieusement defenduë par Vercingentorix contre Iules Cesar, ce grand Capitaine apres la perte de ses meilleurs Officiers, ayant esté contraint de leuer le Siege qu'il y auoit mis. Elle a bien perdu de son Ancien Lustre, par les ruïnes que depuis elle a souffertes. Elle est renommée dans nostre Histoire, par la tenuë de plusieurs Conciles: sous le Roy Philippes I. on y resolut le premier Voyage de la Terre Sainte. On fit la mesme chose Sous le Roy Loüys le Gros. Les Estats y furent assemblés l'an 1374. Sous le Roy Charles V. Vn Ruisseau voisin nomme *Tiretaine* a la vertu de Petrifier. Auec le seul cours de ses Eaus, qui sont troubles, & qui ressentent le bitume, il a fait vn Pont que l'on est quelque fois obligé de couper afin qu'il ne deuienne trop grand. Le Roy Charles IX. faisant son voyage de Baïone, eut la curiosité de le voir. Vne grosse Source d'Eau que l'on trouue dans les Faux-bourgs, tarit à la cheute des füeilles de Noyer, & repréd son cours lors que les Noyers viennent à pousser. *Montferrand* est si proche de Clermont que le Marechal Deffiat eut dessein de les ioindre, sous le nom de *Clermont-Ferrand* Les Noms de ces Villes tesmoignent assez leurs assiettes eleuées. On void proche de la vn Ruisseau qui forme vne Montagne de Poix par le moyen de ses Eaus: Elles sont si gluantes que les oyseaux y pourroient estre arrestés comme dans des gluaux. Il se trouue dans l'Auuergne plusieurs autres Merueilles de Nature, que l'on peut apprédre dans les Liures *Rion* autrefois Capitale du Duché d'Auuergne, que l'on appelle auiourd'huy Terre Royale, tient le second rang apres Clermont; Elle a Generalité, Marechaussée, & autres prerogatiues. *Aigueperte* est la Capitale du Dauphiné d'Auuergne vni au Duché de Montpensier.

G iiij

Entre les autres Villes qui se trouuent au Couchant de l'Allier, *Brionde* est bastie à l'antique: Elle appartient à ses Chanoines qui s'en disent Comtes: pour le Spirituel elle releue immediatement du Pape. Le Pont du Bourg de la *Vieille Brionde* est composé d'vne seule Arche merueilleusement haute & longue. *Issoire* & *Besse* sont iolies Villes, celle-cy auec des Haras de Cheuaux & vn lac sans fond, dont les Eaus font éleuer vne grosse vapeur qui se resout en pluye, lors que l'on y iette quelque Pierre. *Pontgibaut* a en son voisinage vne Mine d'Argent. *S. Geruais* a eu vne race de deuins nommés les Marques, dont le dernier s'est precipité dans vn Estang. *Maringues* à son port sur l'Allier qui commence a porter Batteaux deux lienës plus haut. *S. Pourçain* est à l'extremité du Pays engagé dans le Bourbonnois. Le Chasteau de *la Quëulle* a en son voisinage vne Fontaine dont l'Eau a en quelque façon le goust du Vin. La sixiesme partie du Vin, que l'on y adiouste, luy donne assés de force. *Mont-Roinon* est vne Ancienne Forteresse que les Habitans disent auoir esté bastie par les Romains pendant le Siege de Gergouie. Proche de *Chasteau-Neuf* il y a vn Estang ou l'on prend ce Sable doré dont on se sert sur l'Escriture. On en recouure pareillement en d'autres lieux de l'Auuergne. Le *Mont d'Or* est estimé haut d'vne liëue, il dône commencement à la Riuiere de *Dordogne* & il fournit plusieurs Sources d'Eau qui sont fort salutaires aux malades qui s'y vont baigner. On l'appelle Mont d'Or, parce que dans les Estangs qui sont formés de ses Sources d'Eau, on y voit reluire des Paillettes d'Or. Au Leuant de l'Allier on trouue *Vic-le-Comte* la Capitale du Comté d'Auuergne, auec vn beau Palais & vne Ste Chapelle que l'on dit auoir esté bastis par Ordre des Ducs d'Albanie. *Billom* est enuironné d'vn beau Vignoble. *Thiers* a vne belle Fabrique de Canifs, Cousteaux, & Ciseaux, *Lezoux* est renommé pour ses Antiquités, pour son bô Air & pour ses bons Melons. *Vsson* & *Mozun* sont

G v

deux forts & anciens Chasteaux. Le premier a long temps serui de demeure à la Reyne Marguerite de Valois; *Mozun* a vne belle Iustice & vn grand nombre de Fiefs. Le long de *la Dore* on trouue le petit Pays de *Liuradois* auec la Ville d'*Arlenc*: pour faire écouler les Eaux qui jnondoient souuent vne bonne partie de ses Terres, on a coupé vne Montagne en la longueur de deux-cents toises: En suitte de cette deliurance, on luy a donné le nom de Liuradois.

Outre le *Duché*, le *Comté* & le *Dauphiné d'Auuergne*, il y a deux autres Duchés, *Montpensier* & *Mercœur*. Lãgeac, *Chasteau neuf*, *Effiat* & *Alegre*, sont Marquisats: *Carlat*, *Pleaux*, *Massiac*, *Rendam* & *Busset* Comtés: *Murat* Vicomté: *la Tour*, & *Oliergues* sont Seigneuries bien renommées. Montpensier est l'Appennage d'vne des Branches de la Maison de Bourbon: le Chasteau de mesme nom a veu mourir le Roy Louys VIII. Pere du Roy S. Louys. *Effiat* à la plus belle maison de la Prouince.

LE BOVRBONNOIS.

Le Bourbonnois se trouue entre 23. & 25. Degré de Longitude & aux enuirons du 46. Degré de Latitude. Il a bien trente lieuës de longueur & pres de 18. à 20. de Largeur. Le Niuernois luy est au Septemtrion auec vne partie du Berri, le Berri au Couchant, l'Auuergne & le Forez au Midy & la Bourgogne Duché au Leuant: il est fertile en Segles, en Legumes & en Fruits: il fournit de bestail & quantité d'Huile de noix: il a des Mines de Fer & des Bains. Il emprunte son nom de la Ville de Bourbon dite l'Archambault à la difference de Bourbon-l'Ancy sur Loyre en Bourgogne: Ces deux Villes ayant esté ainsi nommées de deux Seigneurs Freres Lancy ou Anceaulme & Archambault. Il a quelquefois esté l'Appennage des Reynes Meres, il a esté fait Duché par Philippe de Valois & reüni à la Couronne l'An 1526. par la mort de Charles de Bourbon Connestable de France. Il a en ses entrailles des Minieres & des bains fort Salutaires. On dit de la Maison de Bourbon que ses Femelles sont destinées pour peupler la Chrestienté & ses Masles pour la defendre: il y a eu peu d'occasions considerables depuis plusieurs Siecles où les Princes de cette Maison ne se soyent trouués. 9. ou 10. d'entr'eux sont demeurés au lit d'honneur. Les Anciens Peuples *Boy* qui ont occupé le Bourbonnois ont esté renommés des le temps de Tarquinius Priscus: du depuis ils passerent en Bauiere & en Boheme & lors qu'ils repasserent en Gaule auec les Suisses, & que ceux cy eurent esté deffaits par les Romains, ceux d'Autun les demanderent à Iules Cesar en consideration de leur valeur; dela vient peut estre que ceux de Moulins sont de l'Euesché d'Autun & les autres Bourbonnois ou de l'Archeuesché de Bourges ou de l'Euesché de Clermōt. On diuise le Bourbonnois en *Haut* & en *Bas* Pays: on place Montegut dans le Haut, & Moulins dans le Bas: On y adiouste le petit Pays de *Combraille* qui est quelquefois attribué à la Marche auec sa Ville d'*Esuaon* seiour du General de l'vn des Ordres de S. Augustin.

La Ville de *Moulins* est la Capitale de toute la Prouince, accompagnée d'vn Chasteau considerable pour sa force & pour ses orneméts, comme aussi de beaux & grands faux-bourgs où l'on trauaille ces beaux Ciseaux & Cousteaux que l'on en transporte: elle a vne Generalité d'où dependent les Elections de Montluçon, Gannat & Esuaon, & quelques autres Elections du Niuernois & de la Haute Marche. Ses Habitans ont la reputation d'estre ciuils & officieux *Bourbon l'Archambault* est dite *Bourbon les Bains*: sa Sainte Chapelle auec ses Reliques & belles ceintures: ses Bains de Structure Romaine & dont les Eaus sont chaudes & dessechantes: Son Ancien Chasteau seiour de ses Princes l'ont rendu considerable. *Montluçon* a le renom de fertile à cause de ses Bois, de ses Pasturages & de ses Vignobles. *S. Amand* est accompagnée de la fortesse de Mötrond qui a esté demantelée l'An 1652. *Sancion* est vers le Septemtrion, *Gannat* & *Cusset* vers le Midy & proche de l'Auuergne, cellecy autrefois fortifiée. *Neris* est connu pour ses Bains, aussi frequentés sous les Romains comme à present. 13. Moulins sur vn Ruisseau d'Eau chaude la rendent pareillement considerable, comme aussi vne Forest verte en tout temps (c'est vne Garenne de Buïs) *Montegut lez Combraille* ressortit immediatement à Paris pour la Iustice. *Chantelle* & *Fourilles* sont Marquisats, Chantelle a l'auantage d'vne belle maison. *Saligny*, & *la Pallisse* ont titre de Comtés, celuy-cy accompagné d'vn beau Chasteau & d'vn grand Parc, *Bellenaue* & *S. Geran-de-Vaux* sont les plus belles Seigneuries du Pays. La *Loire*, l'*Allier* & le *Cher* y sont les plus grosses Riuieres.

LA MARCHE.

C'est icy l'Ancien Comté & Pairie qui a esté baillé en Appennage aux

Enfans de France & dont ont iouy ceux de la Branche de Bourbon. Plusieurs Riuieres y ont leur commencement la *Vienne*, le *Cher*, la *Creuse*, la *Gartempe* & autres. Chaque Ville y a son trafiq particulier: la Campagne nourrit plusieus haras de Cheuaux & d'autre Bestail, elle produit des Segles & des Auoines. la *Marche* semble auoir eu ce Nom de son assiette sur les Marches de plusieurs autres Prouinces. Elle a le Berri au Septemtrion, le Poictou au Couchant, le Limosin au Midy, l'Auuergne & le Bourbonnois au Leuant. Elle se trouue aux enuirons du 46. Degré de Latitude entre le 21. & le 23. Degré de Longitude: sa plus grande Longueur peut estre de trente lieuës, sa Largeur de dix, douze & quinze lieuës. On diuise le Pays en Haute & Basse Marche: *Gueret* auec plusieurs Iurisdictions Royales du Pays & *Bourganeuf* sont en la Haute, le *Dorat* & *Belac* en la Basse. Le petit Pays de *Francaleu* qui en est proche, a pour Capitale *Bellegarde*. *Crozan* a esté le Seiour des Anciens Comtes de la Marche, *Broſſe*, *Montbas* & *Brigueil* ſont Vicontez, atribués quelquefois au Poictou. *Chabanois* eſt vne Principauté, *Mortemar* a auiourd'huy titre de Duché, *S. Germain-Beaupré* de Marquiſat, *Maignac* & *S. Iulien* de Baronie. *Aubuſſon*, *Taillefer*, *la Chapelle-Bariou*, *Rodes* & *Dougnon* ſont Seigneuries, celle-cy nous a donné vn Marechal de France : *Grandmont* eſt vne Abbaye Chef d'Ordre. Toute la Marche, eſt du Parlement de Paris : Elle recōnoiſt l'Eueſque de Limoges pour le Spirituel & pour ce qui eſt des Finances Gueret, Bellegarde, Bourganeuf, & Belac ont des Elections, les deux premieres ſous la Generalité de Moulins les deux autres ſous la Generalité de Limoges.

LE BEARN.

CetteProuince eſt au pied des Mōts Pyrenées qui ſeparent la France de l'Eſpagne, elle eſt voiſine des Baſques vers l'Occident, de la propre Gaſcogne vers le Septemtrion, de l'Armagnac vers le Leuant d'Esté, du Bigorre vers l'Orient & de l'Arragon vers le Midy. Sa Longitude est depuis le 19. Degré iusqu'au 20. par l'espace de vingt lieuës Françoises; Elle diminuë neantmoins de la moitié en la partie Meridionale: sa Latitude commence au 42. Degré 45. Minute, & regne vn Degré; de sorte que la grandeur du Pays est plus considerable du Midy au Septemtrion que d'Occident en Oriét, particulierement si on fait estat de quelques vallées qui se trouuent auancées dans la Montagne. Autrefois le Bearn a esté Souueraineté. Elle commença lors que les Sarrazins furent chassés du Royaume. Ses Armes estoient d'Or à deux Vaches de Gueule, couronnées d'Argent, accollées & clarinées d'Azur. Ses Princes ont fait leur seiour dans la Ville de *Pau* Capitale de toute la Prouince, lieu de la naissance du Roy Henry le Grand, ornée d'vn Chasteau Royal, d'vn Parlement depuis l'An 1621. d'vne Chambre des Comptes & d'vne belle Maison de Iesuites. Les autres

Villes sont, *Nay*, *Lescar*, *Oleron*, *Orthez*, *Nauarreins*, *Saueterre*, *Morlas*, *Lembege*, *Pontac*, & *Salies*. *Lescar* & *Oleron* sont Eueschés : *Orthez* a vne Fameuse Escole pour ceux de la Religion pretenduë : on y voit les restes de l'Ancien Chasteau de *Moncade* basti par les premiers Seigneurs de ce Pays *Morlas* est considerable pour la fabrique des Monnoyes : *Nauarreins* pour ses fortifications : *Salies* pour sa Fontaine de Sel blanc, laquelle estant meslée à vn ruisseau voisin, est reconnuë des Habitans par le moyen des œufs de Poules qui vont au fonds de l'eau douce & au dessus de la Salée. S'il en faut croire vn Autheur on tire bien de ce Sel cent charges de Cheual chaque iour; Il est bien vray que l'on ne se sert pas d'autre Sel dans le Pays & en beaucoup de lieux du voisinage. Entr'autres Montagnes celle qui porte le nom des *Trois Sœurs* est la plus remarquable : elle a la veuë des deux Mers Oceane & Mediterranée : les Costaux de *Iuranson* proche de Pau ont vn excellent Vignoble, les Eglises de *Betar-*

ram & de Serrance sont perpetuellement visitées par plusieurs Prouinciaux qui vont rendre leurs vœux à la Vierge. Le Chasteau de *Coaraze* a esté le seiour du Grand Henry lors qu'il estoit en bas aage. Les Bearnois de mesme que le Bearn, ont conserué le nom des Anciens Peuples *Benearni* qui l'auoient autrefois communiqué à leur Ville Capitale. Ils ont presque tous de l'esprit & de l'adresse & leurs Femmes sont des plus belles & de taille auantageuse: Ils ont tousiours fait estime de leur langue particuliere: La Françoise n'a esté introduite chez eux que par l'Edict d'Vnion l'An 1620. Les Gaves ou Riuieres n'y sont pas à la verité Nauigables, mais elles sont beaucoup Poissonneuses nommement en Trüites Saumonées: ces Gaues reçoiuent le nom des Vallées ou des Villes plus considerables qu'ils arrousent: le *Gaue de Pau* a sa Source proche de celle de l'Adour en Bigorre, le *Gaue d'Oleron* est composé de ceux d'Ossau & d'Aspe, celuy cy forme vne Vallée qui facilite le commerce de France auecque la Ville de Sarragoſſe, pour le paſſage des Cheuaux & des Mulets on a autrefois entamé à coups de Pics le roc à Penne d'Eſcot: vne Vieile Inſcription teſmoigne que ç'a eſté du temps de Iules Ceſar. Le Bearn a quelquefois eſté diuiſé en ſix Quartiers qu'ils appellent Parſans. *Pau*, *Vicully* ou de *Lembege*, *Oleron*, *Montaner* ou d'*Oſſau*, *Nauarreins* & *Orthez*. Les Doctes veulent faire venir ce nom de Parſan des Anciens Peuples *Preciani*. la Milice du Pays s'aſſembloit autrefois ſuiuant ces 6. Parſans, auiourd'huy cet Ordre eſt changé & le Roy donne commiſſion à 40. Gentils-Hommes de leuer chacun cent fantaſſins. Les Principales Seigneuries ſont *Mioſſens* & *Andoins* Marquiſats *Nauaille*, la premiere Baronie du Pays, aui-Duché *Leſcun*, *Pontac*, &c. il y a bien 350. Maiſons Nobles qui ont entrée aux Eſtats. Les Bourgs paſſé et le nōbre de 435.

LA GASCOGNE.

Les Bornes de la Gaſcogne ſont

diuersement establis par les Autheurs:
Nous appellons icy Gascogne le Pays
qui regarde la Mer du mesme nom vers
le Couchant, vers le Midy les Monts
Pyrenées qui aboutissent à l'Espagne,
vers le Leuant la Riuiere de Garonne
qui separe cette Prouince du Languedoc & vers le Septemtrion la Guyenne
proprement prise. De cette sorte la
Gascogne correspond à la *Nouem-Po-*
pulanie ou 3. Aquitaine des Anciens, le
Bearn est pareillement compris en cet
espace. Plusieurs confondent les noms
de Guyenne & de Gascogne, mais suiuant ce que nous venons de dire il est
plus à propos d'appeller Gascogne ce
qui est Meridional & Guyenne ce qui
est Septemtrional ; aussi les Originai-
res nomment cette premiere partie
Haut Pays. En deça de la Garomne la
Saintonge, le Perigort, le Limosin, le
Querci, & le Roüergue font partie du
grand Gouuernement de Guyenne.
l'Aquitaine de Iules Cesar estoit renfermée entre les Pyrenées, la Garomne, & l'Ocean: celle d'Auguste & des
Empereurs ses Successeurs estoit auan-

cée iusqu'à la Riuiere de Loyre. La Gascogne selon nostre distribution est depuis le 18. Degré de Longitude iusques au 21. & demy : sa Latitude qui commence au 42. & demy, comprend deux Degrés de sorte que la grãdeur du Pays d'Occident en Orient est bien de 60. lieuës à compter depuis Bayone iusques à Muret sur Garomne, son estendue n'est gueres moindre, si on la prend du Leuant d'Hyuer au Couchant d'Esté, depuis le commencement de la Garomne iusques aux Landes qui se trouuent entre Albret & la Teste de Buch en Guyenne. Le nom de *Gascogne* vient des Anciens Peuples *Vascones* en Espagne voisins des Monts Pyrenées, les François changent cet V. & en G. comme lors qu'ils disent *Galles* pour *VValles*. Vn Bourg du Diocese d'Aire nommé *Bascons* en conserue le nom, ceux du Pays prononçans auiourd'huy l'*V*. comme vn *B*. & le *B*. comme vn l'*V*. La Gascogne a eu ses Ducs particuliers, & l'Aquitaine a eu pendant quelque temps titre de Royaume. Les petits Pays dont elle est composée sont *les Basques, les Landes, la propre Gascogne, l'Armagnac, le Comminges & le Bigorre.*

Les Basques touchent la Nauarre d'Espagne, le Bearn, & les Landes, ils aboutissent à vne partie de l'Ocean qui en est appellé Mer des Basques & de Biscaie: les Habitans y sont adroits, & en estime de fidelité: leur Langue est toute particuliere & leurs Tambours sont plus cônus que leurs Liures, Ils ne sont pas tant Soigneux de fortifier leurs places comme d'entretenir leur commerce dans l'Espagne; ils ont leurs Lies & Passeries qui sont certaines conuentions auec les Espagnols leurs voisins: on les appelle pour cet effet Frontaliers: ceux de Bigorre & de quelques autres Prouinces frontieres en vsent de mesme: leur Pays est appellé par quelques vns *Biscaie Françoise*; il comprend celuy de *Labour* où est *Bayone*, l'vne des Clefs du Royaume renommée pour ses Lins, & pour ses Iambons: la *Basse Nauarre* où est S. Palais: & le *Vicomté de Soule* où est *Mauleon*. Le nom de *Soule* a esté don-

né à ce petit Pays parce qu'il demeura seul en l'obeissance de ses Princes, lors que les Pays voisins reconnoissoyent des estrangers. l'An 786. pendant le regne de Charles-Magne les François furent mal-traittés proche de Baïone. S. *Iean Pie de Port* est estimée forte a cause de son Assiette sur vn haut: autrefois son Gouuerneur s'est qualifié Garde des Terres de Nauarre deça les Monts. Le Chasteau de *Bidache* a repoussé les efforts d'vne Armée de l'Empereur Charles V. Le Bourg de S. *Iean de Luz* nous est connu pour la construction de plusieurs Nauires & pour l'adresse extraordinaire de ses Habitans en la pesche des Baleines & des Morües. Du Sommet d'vne Montagne voisine on peut decouurir quatre Royaumes, France, Nauarre, Arragon, & Castille: celuy-cy en la Prouince de Biscaie. Entre les Seigneuries les plus considerables *Bidache* a titre de Principauté *Grammont* est vn Duché: *Guiche* & *Luxe* sont Comtés: *Etchau*, *Merin*, & *Vrt* Vicomtés. La Riuiere de *Nine* se rend dans l'Adour
prés

prés de Baïone. Celle d'Andaye diuise la France d'auec l'Espagne. Les *Landes* se rencontrent au Midy de ce que nous appellons Guyenne, au Couchant de la propre Gascogne, au Septemtrion des Basques, l'Adour entre deux & au Leuant de la Mer Oceane. Les Habitans que l'on nomme Lanusquets retirent vn bon reuenu de leur Cire, de leur Miel, de leur Resine, de leur Bestail, de leur Laine, & de leur Millet. La chasse & la Pesche les enrichissent également & leurs Campagnes qui d'elles mesme sont & paroissét maigres, deuiennent grasses & fertiles par vne sorte de Terre appellée Marne dont ils se seruent au lieu de fumier: La Ville de *Dax* y est la Capitale renommée par ses Eaus chaudes & salutaires tout ensemble. *Tartas* y tient le second rang. *Albret* qu'ils nomment *Labrit* y communique son Nom à vn Fameux Duché: *Vignolles* & *Poyane* proche de Dax ont titre de Marquisat, *Marepne* est vn Vicomté. Les petits Pays de *Marancin* & *d'Auribat* sont le long de la Mer qui roule quel-

H

quefois des pieces d'Ambregris sur la Coste. le *Vieux-Boucault* a autrefois esté l'Embouchure de l'Adour, auant que cette Riuiere eut formé le droit Canal qu'elle garde auiourd huy.

La propre Gascogne est entre le Bearn, l'Armagnac, la Guyenne & les Landes : elle est sousdiuisée en *Chalosse, Marsan* & *Teursan.* La Ville de *S. Sener* y est vulgairement appellée Cap de Gascogne, celle de *Mont de Marsan* est le grenier du Pays, *Aire* la Residence d'vn Euesque; *Castelnau* est Marquisat, *Marsan* & *Iuliac* Vicomtez, *Roquefort* Baronie. En quelques endroits de cette Gascogne il y a vne sorte de gens que l'on appelle Gaets où Cagots estimés Ladres & de race de Gots ou de Sarrazins : pour ce suiet ils sont exclus de la frequentation des autres personnes. *L'Armagnac* est vn Comté bien considerable entre le Bearn, le Bigorre, le Comminges, le Languedoc, la Guyenne & la Gascogne. Ses Anciens Comtes ont pretédu le droit de battre Monnoye & de mettre en leur titre *par la Grace de Dieu* : leurs factions pendant le Regne de Charles VI. font vne partie de noſtre Hiſtoire. Sous le nom d'Armagnac, on connoiſt auiourd'huy *l'Armagnac, la Lomagne le Gaüre, l'Eſtrac, le Feſenſac, le Pardiac, l'Eauſan, le Gauardan, le Bruillois, le Feſenſaguet, le Magnoat le Nebouſan* &c. *Auch* eſt la meilleure Ville de tout le Pays auec le plus riche Archeueſché du Royaume: ſon Egliſe Metropolitaine a des ouurages d'Architecture des plus hardis & des mieux entendus: ſes Poires de bon Chreſtien entr'autres fruits ſont eſtimés par toute l'Europe. *Leitoure* a titre d'Eueſché, auec Citadelle, & Gouuerneur particulier, comme eſtant l'vne des plus fortes places de la Gaſcogne. *Verdun* ſur Garomne, donne ſon nom à vn petit Pays qui porte nom de Riuiere. *Mirande* ſur Baiſe, eſt la Capitale de l'Eſtrac. *Vic* a eſté la Reſidence des Comtes de Feſenſac: plus de 300. Gentils-Hommes ont autrefois fait hommage à ces Comtes. *Monleſun*, en Pardiac eſt à cette heure demantelé. Eauſe a eſté bien plus conſiderable lors qu'elle a serui de demeure au Metropolitain de la Prouince. *Gabaret* en Gauardan, *la Plume* en Bruillois, *Mauuesin* en Fesensaguet sont en suitte les meilleures Villes. *Miradoux* en Lomagne a fait aneantir les desseins du Prince de Condé dans la Guyenne pendant les mouuemēts de l'An 1652. *Garreson* est remarquable pour la deuotiō à N. Dame, le *Val d'Aure* au pied des Pyrenées pour ses Pyramides naturelles de Cristal & de Roche, & pour les Mines qui bruslent ses entrailles en plusieurs endroits. *Roquelaure* a titre de Duché *S. Blancar* & *la Cazeceluy* de Marquisat: *Gaure, Estrac & Pardiac* sont Comtés: le *Bruillois*, le *Fesensaguet*, le *Nebousan, Gabaret* & *Auuilar* Vicomtés, *Montesquiou & Montaut* Baronies. *Termes, Lille en Iourdain, Pibrac & Gondrin* sont des Seigneuries fort considerables. les Riuieres dont le Pays est arrousé se rendent presque toutes en la Garomne, les plus grandes sont le *Saue*, la *Gimone* le *Giers*, la *Baise* & l'*Osse*. Le *Comminges* est diuisé en Haut & Bas suiuant le cours de la *Garomne* qui prend sa Source vn peu au dessus de *Vielle* dans les Terres d'Espagne: la Ville de *S. Bertrand* est la Capitale du haut Comminges, *Lombez* la Capitale du Bas Comminges: chacune de ces Villes a titre d'Euesché; l'Euesque de Comminges qui demeure à S. Bertrand a droit de Seãce aux Estats de Languedoc. *Muret* est renommé par la belle Victoire de Simon Comte de Montfort l'An 1206. Sous le Regne de Philippe Auguste, ce braue Comte assisté seulement de douze cents Hommes, deffit plus de cent mille Albigeois. Proche de Muret est la Mere Abbaye des *Feüillans*. Auec le Comminges on fait d'ordinaire passer le Vicomté de *Conserans* où l'on veut prouuer que les Anciens Romains ont eu des Mines d'Or, parce que l'on y a trouué des Lingots d'Or tres pur. La Ville Episcopale de *S. Leger* est sur la Riuiere de *Salat* qui tire son nom des Puits Salés dont il y a grande quantité en son voisinage.

Le *Bigorre* est estimé vne des plus

H iij

agreables Vallées du Royaume bien qu'aux pieds des Pyrenées: il eſt Frontiere de l'Arragon voiſin du Bearn & de l'Armagnac: il fournit du Marbre tres-fin, de beau Iaſpe, de l'Ardoiſe, beaucoup de ſortes de Metaux, & des cheuaux que l'on appelle Cheuaux d'Eſpagne parce qu'on les y tranſporte Ieunes. la Ville de *Tarbes* Capitale & Epiſcop. a eſté autre fois meilleure, *Bagneres* eſt connuë pour ſes Bains & pour ſes Antiquités Romaines, *Campan* pour ſon bon beurre. *Lourde* eſt forte & ancienne tout enſemble, auec Garniſon, le Duché de *Benac*. les Marquiſats de *Parabere* & *d'Antin*, le Vicomté de *Lauedan* ſont en ce Pays où les Habitans gardent 4. Principaux paſſages qui menent en Eſpagne. La Riuiere *d'Adour* y a ſon cōmencemét proche du *Pic de Midy* qui fait partie des Pyrenées & qui paſſe pour vne des plus hautes Montagnes du Monde.

LA GVIENNE.

Ce que nous appellons icy *Guyenne*,

est aux enuirons de la *Garonne* vers les embouchures du Lot & de la Dordogne, entre les 19. & 21. Degrés & demy de Longitude & entre 43. Degrés 50. Minutes & 45. Degrés 50. Minutes de Latitude. Cette Guyenne est baignée de la Mer Oceane vers l'Occident ; les Landes, la Gascogne & l'Armagnac luy sõt au Midy, le Querci à l'Orient, le Perigort au Leuant d'esté, & la Saintonge au Septemtrion. Les Riuieres susnommées contribuent beaucoup à la fertilité, à la beauté & au commerce du Pays: proche des deux bords de la Garonne qui porte nom de *Gironde* apres la reception de la Dordogne, on reconnoit vne grande difference de Meurs & de Langue parmy les Habitans. Cette Prouince ainsi consideree, a 50. lieuës de Longueur depuis le bord de la Mer iusques au Querci, sa Largeur en a bien 30. en contant depuis l'Armagnac iusques à la Saintonge : les Contrées qui la composent sont le *Bourdelois*, l'*Entredeux Mers*, le *Medoc*, les *Landes de*

H iiij

Bourdeaux auec le petit *Pays de Born*, le *Bazadois*, *l'Agenois*, & le *Condomois*, *Bourdeaux* est la Capitale de la Prouince auec l'vn des plus beaux & des plus asseurés ports de l'Europe; elle est belle, riche, & bien bastie: elle a toutes les qualités & toutes les Prerogatiues qui peuuent rendre vne Ville considerable; ses Vins de Graue, ses Huistres, ses Sardines & ses Melons, sont beaucoup estimés. l'Année 1653. a ramené cette Ville à l'obeissance du Roy, aprés en auoir esté diuertie les Années precedentes par la faction de l'Ormée. *Agen* est la meilleure Ville apres Bourdeaux, dans vn terroir dõt la fertilité rend les Habitans Paresseux; Iules Cesar Scaliger issu des Princes de Verone a eu sa demeure dans Agen. *Bazas*, *Condom*, *Marmande*, *Ste Foy*, *Libourne*, *Bourg* dite Sur mer sont en suitte les meilleures Villes. *Nerac* est la Capitale du Duché d'Albret accompagnée de tres beaux Iardins comme ayant esté quelque temps le seiour du Roy Henry IV. auant qu'il fut Roy de France. *Villeneuue d'Agenois* le grenier du Pays où le Lot commence de porter batteaux a temoigné sa force par la resistance qu'elle a faite l'Année 1652. a vne Armée du Roy Sous le Comte d'Harcourt. vn peu plus bas *Casseneuil* a esté vn Palais Royal de l'Empereur Charles-Magne, & le lieu de Naissance de Louys le Debonnaire. *la Reole* a esté quelque temps le Seiour du Parlement de Guienne pendant les derniers mouuements. *Cadillac*, *Durance*, & *la Brede* sont les plus belles maisõs du Pays. *Blaye* est la plus forte & la plus importante place auec garnison. *Contras* est connu pour la Victoire du Grand Henri l'An 1587. *Camparrian* proche de Bourdeaux est l'endroit où Charles-Magne deffit les Gots. *Langon* est renommé pour son bon Vin. *Barbaste* & *Baulac* ont de beaux ouurages d'Architecture, celuy-cy en son Pont, celuy la en son Moulin qui est vn rare Edifice, accompagné de quatre Tours & d'vn beau Pont de Pierre de huit Arches: la *Tour de Cordoüan* à l'embouchure de la Garomne est l'vn des plus beaux

Phares de l'Europe. *l'Esparre* dont le Seigneur se dit Sire, est la Capitale du Medoc ou le Bourg de *Soulac* a conserué les restes d'vne Ville ruinée, la *Teste de Buchs* est vne petite Principauté sous le titre de Captalat proche du Havre d'*Arcachon*. *Aiguillon, Caumont, Fronsac* ont titre de Duché; *Lusignan, Tonneins, Duras, Curton, Finmarcon, Laberon, Grignols* sont Marquisats. *Clermont-d'Entragues Lausun, Rosan, Benauge, Blaye* sont Comtés *Guilleragne Pomiers, Alhas, Biscarosse, Vsa* Vicomtés. *Montferrand* est la premiere Baronie de Guyenne, *Baïaumont* la premiere de l'Agenois, les autres Seigneuries sont *Monluc, Castelnau de mesmes, Mompouillan, Roquetaillade, Cusac, Blanquefort, Flammarens, Lognac, Theobon*, ces trois dernieres en l'Agenois. La Seigneurie de *Certes* est Captalat, le Seigneur de *Pressac* prend titre de Soudan.

LA SAINTONGE.

Nous considerons sous ce nom la

Saintonge deça & delà la Charente, l'*Aunis*, le *Brouageais* & les *Isles*, qui en sont proche. l'Ocean baigne cette Prouince au Couchant, la Garomne luy sert de borne vers le Couchant d'Hyuer : la Guyenne en est voisine vers le Midy, le Perigort & l'Angoumois vers le Leuant & le Poictou vers le Septemtrion. la Longitude plus Occidentale est à 19. Degrés; la plus Orientale à 20. Degrés 45. Minutes, ce qui fait bien trente lieuës; Il est vray que cette estenduë n'est pas si grande en ses autres parties. La Latitude plus Meridionale commence à 45. Degrés 10. Minutes vers *Montlieu*, & finit à 46. Degrés 20. Minutes, ce qui luy donne 28. lieuës de Midy au Septemtrion. Le Terroir est presentement aussi fertile qu'autrefois : il est riche en Bleds & en Vins, il produit beaucoup d'Absinthe & vne quantité de Sel qui passe pour le meilleur de l'Europe: ses Habitans le font sur la Coste, reseruant l'Eau de la Mer pendant l'Hyuer, en des endroits les plus exposés au Soleil. Quelques Marais ont esté desseichés par des Holandois qui leur ont donné le nom de petite Holande. On dit vulgairemét que *si la France estoit vn Oeuf, la Saintonge en seroit le Moieuf.* La *Garonne*, la *Charente*, la *Seudre*, la *Seure* & autres Riuieres contribuent beaucoup au transport des Marchandises. La Ville Capitale est *Saintes*, qui de mesme que la Prouince garde son nom des Anciens Peuples *Santones*. celle de Saint-Iean d'Angeli est renommée dans l'Histoire de l'An 1621. ayant lors esté prise par les Armes du Roy & depuis demantelée. *Taillebourg* est connuë pour la bataille de l'An 1242. en laquelle vn Comte de la Marche rebelle au Roy S. Louys fut deffait auec les Anglois qui l'assistoient. *Broüage* appellé autrefois *Iacqueuille* à cause de Iacques de Pons son Fondateur, est vn Gouuernement independant de celuy de Saintonge : il donne son nom au petit Pays de Broüageais. l'Importance de son assiette, la commodité de son port & la conseruation des Salines ont esté la cause de ses belles fortifications. *Marennes* est l'vn des plus beaux Bourgs du Royaume. Plassac est la plus belle Maison de la Prouince. *Mortagne* & *Chalais* ont titre de Principauté; *Soubize* a esté Duché. *Royan* accompagné de son Port, *Archac*, *Pisani*, S. *Megrin*, & *Montausier* sont Marquisats: *Cosnac* & *Matha* Comtés: Aubeterre Vicomté: *Saujon* Baronie; *Pons* est vne Sirauté fort Ancienne d'où releuent 250. Fiefs nobles: On en fait venir le nom des Ponties de Rome. *Aruert* dans vne pres-qu'Isle de mesme appellation, *Barbezieux*, *Ionsac*, & *Mirembeau* sont les plus belles Seigneuries.

Le petit Pays *d'Aunis* à la *Rochelle* pour sa Ville Capitale connuë par son grand trafiq & plus encor par son dernier Siege & par sa prise au moyen d'vne digue bien renommée: ses murailles ont esté abbatues & toutes ses belles Fortifications razées, si ce n'est quelques Tours qui ont esté conseruées pour la defense du Port. *Marans* est dás vne assiette Marescageuse, auec vn Port & le titre de Comté. *Chastelaillon* semble auoir esté autrefois vne bonne Ville, ſes ruïnes ont donné lieu d'accroiſſement à la Rochelle; elle eſt Principauté. *Benon* eſt vn Comté & *Rochefort* vne Baronie.

Les Iſles de *Ré* & *d'Oleron* ſont les plus grandes & les mieux Peuplées du Royaume, celle-cy deuant Broüage & celle la vis à vis de la Rochelle. Dans l'Iſle de Ré eſt le Bourg de S. Martin accompagné autrefois d'vne Citadelle la Pierre d'achopement des Anglois qui y furent mal-traittés & ſur Terre & ſur Mer l'An 1627. l'Iſle d'Oleron a ſon Chaſteau defendu de cinq Puiſſant Baſtions qui le rendent vne des bonnes Places de France. Les Seigneurs de *Dolu* prennent titre de Barons d'Oleron.

LE PERIGORT.

Les Anciens Peuples *Petrocorij* ſemblent auoir laiſſé leur nom à cette Prouince qui ſe trouue ſituée entre le 20. & demy & le 22. Dégré de Longitude, & entre le 44. & demy & le 45. Degré & demy de Latitude, ce qui fait environ trente lieuës de longueur & vingt & quatre de Largeur. La Guyenne, le Querci, le Limofin, l'Angoumois & la Saintonge font proche de ce Pays qui eft communement diuifé en *Haut* & *Bas*: celuy-cy aux enuirons des Riuieres Dordogne & Vezere; celuy la aux enuirons de la Riuiere de l'Ifle; on donne auffi le nom de *Blanc* au Haut Perigort & on appelle *Noir* le Bas Pays comme eftant plus couuert. Les Habitans font grand trafic de Chaftaignes & de Noix, ils recueillent plufieurs fortes de Simples & quelques Vins qui ne font pas des plus delicats: ils ont quantité de forges pour mettre en vfage le Fer & l'Acier qu'ils tirent de leur Minieres. La Ville de *Perigueux* eft la Capitale, plus ancienne que belle. En fon voifinage Pepin le Bref remporta vne fignaleé Victoire fur Gayfer Duc d'Aquitaine l'An 768. *Sarlat* tient le fecond rang, dans le meilleur terroir de la Prouince. *Bergerac* eft grandement important par fon affiette fur la Dordogne. *Caftillon* eft connuë dans noftre Hiftoire pour la signalée defaite de Talbot arriuée l'An 1451. sous le Roy Charles Septiesme. Cet auantage acheua de chasser les Anglois de la Guyenne. *Monpont* est chef d'vn petit Pays qu'ils nomment la *Conqueste* & la *Double* le long de l'Isle peu au dessous de *Mucidan*. *Montignac* a fait paroistre sa fidelité au seruice du Roy dans les dernieres mouuements de la Prouince, son Chasteau a serui de demeure aux Anciens Comtes de Perigort. *Miremont* est remarquable pour la Cauerne du Cluseau qui va fort loin sous Terre: le Bourg de *Couse* pour son bon papier & pour le ruisseau de mesme nom qui pendant vne lieuë de cours fait moudre plus de six vingt Moulins tant à Bled qu'à papier. La *Force* la plus belle Maison du Pays auec titre de Duché, *Hautefort*, la *Douze*, *Bourdeilles*, *Exidüeil* sont Marquisats : *Riberac*, *Gurson*, *Grinols* Côtés, celuy-cy beaucoup ancien, *Mareüil Bainac*, *Biron* Baronies. *Roche-Chalais, Cunhac, Sauuebeuf* Seigneuries assés connuës.

LE LIMOSIN.

Les Anciens Peuples du Limosin ont esté connus sous le nom de *Lemouices*. Leur Pays se ressent vn peu de la Montagne, aussi les Riuieres y courent les vnes vers la *Garonne* comme la *Dordogne* & la *Vezere*, les autres vers la Loyre comme la *Vienne*. Les Limosins sót industrieux, soigneux de leurs affaires & beaucoup mesnagers. la Prouince du Limosin est assise entre 45. & 46. Degrés de Latitude & entre 21. & demy & 23. & demy de Longitude. Elle a enuiron trente lieuës de Long, sa Largeur ordinaire passe quinze lieuës. Elle a la Marche à son Septemtrion; partie du Poiêtou, de l'Angoumois & du Perigort au Couchant, le Querci au Midy, & l'Auuergne au Leuant. Lors qu'on diuise le Pays en *Haut* & *Bas* on met Limoges dás le Haut & Briue la Gaillarde dans le Bas. *Limoges* est Capitale de toute la Prouince auec Euesché & Generalité:

la Ville est bien peuplée & riche de son Commerce : ses Artisans trauaillent particulierement de beaux ouurages d'Esmail. *Tulles* a pareillement titre d'Euesché. *Vserche* est connuë pour sa forte assiette qui donne lieu au Prouerbe *Qui a Maison à Vserche a Chasteau en Limosin*. Elle est proche du petit Pays de Ligoure. *Chalus* pour ses belles Foires de Cheuaux, *Aix* la Gonnesse du Pays pour son bon Pain. *Rocheabeille* pour le Combat de l'An 1569. qui fut la premiere Campagne du Roy Henry IV. *S. Leonard* est proche de la Marche. *Turene* est vn Fameux Vicomté, l'vne des plus nobles & des plus Seigneuriales Terres du Royaume : sur le declin de la seconde Race de nos Roys elle a eu ses Comtes Hereditaires qui ont eu droit de mettre en leur titres par la grace de Dieu : ses Habitans ont de beaux Priuileges. *Pierre Buffiere* est la premiere Baronie du Pays, *Ventadour* a titre de Duché, la *Feuillade* & *Noaille* de Comté, *Pompadour* de Vicomté, *S. Hirier, les Cars* sont Seigneuries.

LE QVERCI.

Cette Prouince commence au 21. & demy, & finit au 23. Degré de Longitude. Si nous la considerons du Midy au Septemtrion, nous la trouuerons entre le 43. Degré 45. Minutes & le 44. Degré 50. Minutes de Latitude. Ainsi cette Largeur passe 26. lieuës. Sa grandeur du Couchant d'Hyuer au Leuant d'Esté en a bien 35. Le Languedoc en est proche vers le Midy, le Roüergue & la Haute Auuergne vers le Leuant, le Limosin vers le Septemtrion, le Perigort vers le Couchant d'Esté & l'Agenois qui fait partie de la Guyenne vers le Couchant. Le nom de Querci est vray semblablement venu des Anciens peuples *Cadurci* qui ont habité ce Pays & qui dans la Ligue des Gaulois contre les Romains fournirent iusqu'à 12000. Hommes le Terroir y donne beaucoup de Vins blancs, des Prunes en grand nombre & des Tulipes de diuerses sortes, qui ne se voient gueres ailleurs. Le Roy

François premier fit assés d'estime du Vignoble de Cahors pour en faire transporter du Plan à Moret: le Vigneron qui en eut le soin porta pour ce suiet le nom de Prince & ce nom est demeuré à sa famille. Les Quercinois font vne diuision de leur Pays en *Haut & Bas*; ils nomment le Haut Querci *Causse* voulans signifier par ce nom les Vallées qui se trouuent le long du *Lot*; Ils appellent *Villes Basses*, celles qui sont aux enuirons de *l'Aueirou*. Le Lot pendant son cours en cette Prouince forme six ou sept presqu'isles assés grandes. En l'vne de ces pres-qu'isles est *Cahors* la Ville Capitale du Querci; cette assiette auantageuse a de tout temps rendu cette Place considerable. l'An 1580. le Roy Henry le Grand y donna des Marques de son grand courage par vn combat, qu'il opiniastra pendant trois iours consecutifs, pour se rendre Maistre de la Ville. Quelques sçauants l'estiment l'Ancienne *Vxellodunum* qui la derniere dans la Gaule se defendit long temps contre Iules Cesar: quelques

Autheurs expliquent cet Vxellodunum *Martel*, d'autres le *Puech d'Vssulue* à cause de la conformité du nom. On peut dire que c'est *Cadenac*, où l'on void les restes du Chasteau *Escriniol* ancien ouurage des Gots. Cahors a mis au iour le Pape Iean XXII. Iacques de Cahors. l'Euesque de cette Ville prend titre de Comte: il a droit de celebrer auec les Bottes & les Esperons. *Montauban* ne cede en rien à Cahors. Elle est renommée pour les Sieges qu'elle a soustenu: les trois Villes dont elle est composée ont eu de belles fortifications qui ont esté razées l'An 1629. son Pont de Bricque sur le Tarn est fort considerable; il ioint la Vieille Ville à *Ville Bourbon* & la Riuiere y fait la separation du Querci & du Languedoc. Son Euesque a Seance aux Estats de ces deux Prouinces. *Moissac* sur le Tarn peu au dessus de son Embouchure en la Garomne a souuent esté ruïnée de mesme que son Abbaye qui autrefois a logé & nourri plus de mille Moines: son Port est à present au Village de la Pointe. *Fi-*

geac, *Martel*, *Souillac*, *Gordon*, *Lusetz*, *Lauserte*, *Negrepelisse* sont en suitte les meilleures Villes. *Lauserte* est sur le Roc auec les meilleures Caues de toute la Guyenne. *Rocquemadou* est en reputation de garder l'épée de Roland, Durandal. *Caussade* recüeille beaucoup de Safran en ses enuirons, *Acier* est la plus belle Maison du Pays au Duc d'Vzes. Proche du Chasteau de *Bas* au dessous de Lusetz. sur le Lot on a decouuert vne Mine d'Or que l'on n'a pas encor foüillée à cause de la despense. à *Ver* proche de Cahors on rencontre les restes d'vn Aqueduc autrefois long de plus de trois lieuës: à *Mié* proche de Roquemadour il y a vne Fontaine de Soufre & du Vitriol & dans vn Village voisin on trouue vn Puits naturellement creusé & profõd de deux a trois cents coudées. quelques Bourgades du Querci ont des Foires particulieres de Cheuaux, de Pourceaux & de menu Bestail. Plusieurs places ont titre de Marquisat *Malauze*, *Montpezat*, *Monclar*, *Seneuieres*, *S. Sulpice*, *Cardaillac*, *Themines*, &c. *Ne-*

grepeliſſe, *Bieule*, ou *Vieule*, *Cabrieres*, *Vaillac* ont titre de Comté. *Bourniquel* qui tire ſon nom de Brunchaut, *Tegra* qui a donné à l'Ordre de St. Iean de Malthe vn grād Maiſtre de la Maiſon de Gouzou. *Bidue* & *Caluiniac* ſōt Vicōtés. *Caſtelnau de Bretenous, Gourdon, Luſetz* & *Cauſſade* ſont Baronies, les trois premieres fort Anciēnes. *Fenellon* & *Albiac* ſont Seigneuries. Le Querci eſt du grand Gouuernemét de Guyenne, du Parlement de Toulouſe & de la Generalité de Montauban, ſous laquelle il y a trois Elections Cahors, Montauban & Figeac. Ces trois Villes ſont pareillement Sieges Royaux de meſme que l'Auzerte, Martel, & Gourdon. l'Eueſché de Cahors eſt ſous le Metropolitain de Bourges, & l'Eueſché de Mōtauban ſous celuy de Toulouſe.

LE ROVERGVE.

Pluſieurs font venir ce Nom des Peuples *Rutheni* qui ont autrefois habité ce Pays, mais les Noms de *Rouer*-

gue & de *Rutheni* ont peu de rapport. La partie la plus Occidétale de Roüergue est environ au 22. Degré & demy de Longitude. La plus Orientale passe le 24. des mesmes Degrés, ce qui fait presque trente lieuës. La plus grande Estenduë de Midy au Septemtrion est pareille, à conter depuis le 43. Degré 15. Minutes de Latitude jusqu'au 44. & demy. Le Languedoc est au Midy de cette Prouince, le Giuaudan a son Orient, l'Auuergne à son Septemtrion & le Querci à son Occident. Il s'y trouue beaucoup de Montagnes qui luy seruent pour la pluspart de bornes si ce n'est vers le Couchant, de la vient que la plus grande Richesse des Habitans consiste en Bestail & en Laines: le seul Commerce des Mulets que l'on mene en Espagne leur vaut plus de deux cent mille escus chaque Année, & leur fromage de Roquefort est recherché par plusieurs Personnes. Il y a bien vne douzaine de Riuieres qui ont leur nō propre, Les plus grosses sont le *Tarn*, le *Lot*, l'*Aueiron* & le *Biaur*. Elles courent

rent toutes d'Orient en Occident & semblent donner lieu à la Diuision du Païs que l'on fait d'ordinaire en trois Parties qui sont la *Haute Marche* où est *Milhaud*, le *Comté de Rodez* où est la Ville de mesme nom, & la *Basse Marche* où sont *Ville-Franche* & *Ville Neuve* qui par les Noms de Roüergue sont distingués des autres Villes de mesme appellation. Rodez est la Ville Capitale de toute la Prouince: Elle est fort Ancienne, mais beaucoup decheuë de sa grandeur & de sa beauté par les prises qu'en ont faites en diuers temps, les Goths, les Sarrazins, & les François; la partie de la Ville qui estoit à ses anciens Comtes fait auiourdhuy portion du Duché d'Arpajou, vn prouerbe du païs porte *Clocher de Rodez, Cloché de Mende, & Eglise d'Albi*. Milhaud est dans vn terroir plein d'Amandiers: ses fortifications ont esté razeés l'an 1629. *Nayac* est connu pour son Vitriol. *S. Anthonin* pour ses bonnes Prunes. *Marcilhac* à en son voisinage la cauerne de Bouche-Roland, qui

I

mene plus de quatre lieües sous terre. *Severac* a tiltre de Duché sous le nom d'Arpajou. *Entraigues* & *Estain* sont fameux Comtés. *Bournazel* & *Panat* Vicomtés. *Durenque* Baronie. Bournazel est accompagné d'vne des plus belles Maisons de la Prouince. *Rodez* & *Vabres* sont Eueschés sous l'Archeuesché de Bourges. Tout le Pais de Roüergue est du Grand Gouuernement de Guienne, sous le Parlement de Toulouse, & ses trois parties sont autant d'Elections, sous la Generalité de Montauban on y conte jusqu'a 25. Villes & 50. gros Bourgs.

LE LANGVEDOC.

Le *Languedoc* est comme renfermé entre la Mediteranée, les Pyreneés, la Garonne, le Tarn, les Ceuennes & le Rhosne: les Comtés de Roussillon, & de Cerdagne auec vne partie de la Catalogne luy sont voisins vers le Midy: le Comminges & l'Armagnac vers le Couchant; le Querci le Roüergue, le Giuaudan, & le Vivarais vers le Septemtrion; & vers le Leuant, le Comtat d'Auignon; la Principauté d'Orange, & la Prouence: son estenduë du Couchant au Levant est bien de 75. lieües en droite ligne depuis Rieux proche de la Garonne jusqu'a Beaucaire sur le Rhosne: celle du Midi au Septemtrion en a bien 45. depuis les sources de l'Aude jusqu'a la Riuiere de Biaur, seulement 20. en quelques autres endroits, & beaucoup plus en y adioustant le Viuarais, le Giuaudan & le Vellay qui font partie du grand Gouuernement de Languedoc & qui sont d'ordinaire connus sous le nom de Ceuennes. La partie la plus Occidentale est enuiron au 21. Degré & demi de Longitude, la plus Orientale au 26. la Latitude premiere ou petite au 42. la plus grande au 43. Degré 45. Minutes. Le Nom de *Languedoc* semble estre venu des peuples de la langue *d'Oc* ainsi appellés à la difference des François de la langue *d'Ouy*, & celuy de *Premiere Narbonoise* de la Ville de Narbone l'vne des premieres de Gaule ou les principaux peuples ont esté connus sous le nom de *Volces*. Quelques Autheurs du moyen temps ont appellé ce païs *Duché de Septimanie, Marquisat de Gothie & Prouince de S. Gilles*. Le Nom de Septimanie est venu de la septiesme Legion Romaine. La diuision plus commune est en *Haut* & en *Bas Languedoc*; chacun a ses commoditez & ses delices qui rendent cette Prouince l'vne des plus belles & des plus reuenantes du Royaume, comme elle est desia l'vne des plus grandes : ses Bleds y suffisent pour les Habitans & pour vne bonne partie d'Espagne & d'Italie : ses Oliues confites & ses Raisins sont recherchés en beaucoup d'endroits de l'Europe : ses Sels sont excellents, les principales salines sont à *Peccais*, à *Narbone*, à *Peyriac*, & à *Sigean*; les autres ont esté abolies. Les Meuriers qui nourrissent quantité de vers à soye & la grande quantité de pastel y font vn bon reuenu de mesme que le gros bestial & les Moutons que l'on tient dans les garrigues : les plaines & la Mer fournissent abondamment toute sorte de Gibier & de Poisson. On en transporte du Buis, grand nombre de Simples, de l'Azur, du Safran, du Verd de Gris, du Vermillon, du Sanon & des Verres dont les ouvriers sont Gentilhommes. Le bas Languedoc est delicieux & fertile en tout ce qui est necessaire à la vie humaine, il est generalement bien peuplé & plein de villes & de bourgades quoy que l'on y ait demantelé beaucoup de places: le bon air que l'on y respire semble contribuer à la beauté des Femmes & à la civilité des Hommes dont la plus part reüssissent ou dans l'Histoire, ou dans la Poësie. Tous ces avantages ont autrefois porté plusieurs Peuples à s'en rendre maistres. Entre les Rivieres, *l'Aude* est la plus grande de celles qui ont leur cours entier en la Province; la *Garonne* & le *Rhosne* sont sur les confins. On a autrefois proposé au Roy François premier & depuis au Roy Loüis XII. La ionction de l'Aude & de la Garonne pour communiquer les Mers Oceane & Mediterranée. Le *Tarn* a esté estimé vn au-

I iij

tre Pactole à cause de l'Or de Paillole que l'on y a recueilly comme en quelques rivieres voisines; le *Gardon* se rend dans le Rhosne; *l'Eyrault* en la Mer-Mediteranée, les autres sont plus petites & moins connuës. Le Cap de *la Franqui*, & celui de *Sette* sont les plus considerables. Il y a peu de bons Ports sur la coste, celui de *la Nouuelle* proche de Narbone, & celuy de *Brescou* proche d'Agde sont presque les seuls; ce dernier a esté rendu meilleur depuis peu d'Années auec de grand frais : le dessein de celui de *Sette* sous Henri IV. n'a pas esté suiui; le port d'Aygues-mortes n'a plus les commodites qu'il a cydeuant eu. Ie ne fais pas estat des Estangs ou il y a seulement des Graux ou Canaux, qui ne peuuent reçeuoir que des Basteaux de moienne grandeur, & qui changent de temps en temps par l'impetuosité de la Mer. Les Estats du pais consistent en 22. Dioceses dont ceux de Comminges & de Montauban sont la pluspart dehors la Prouince. 22. Prelats 22. Barons & 22. Consuls y ont seance pour les trois Ordres du Clergé. de la Noblesse & du Tiers Estat; l'Archeuesque de Narbone y preside. *Toulouse* & *Narbone* ont titre d'Archeuesché: les Eueschés du Haut Languedoc sont Carcassone, Alby, Castres, Mirepoix, Lauaur, S. Papoul, Alet, & Rieux; ceux du Bas, Besiers, S. Pons de Tomieres, Lodéue, Agde, Montpellier, Nismes & Vzes : ceux des Ceuénes, Viuiers, le Puy & Méde.

Il y a dans le haut Languedoc, le *Toulsan*, *l'Albigeois*, *Lauraguais* ou est Castelnau d'arri & le *Carcassés* : le *Foix* y peut estre adiousté. Le bas Languedoc est le long de la Mer Mediterranée à l'endroit ou elle est appellée Golphe de Lyon, il comprend le *Narbonez*, *l'Vzege* & d'autres territoires aux enuirons de Montpellier, de Nismes &c. Quelques autres petits pais se rencontrent en cette Prouince, *Voluestre*, *Chalabre*, *Sault*, *Donnezan*, *Fenüilledes*, *Corbieres*, *Razés*, *Termenes*, *Menerbes*, *Vaunage* &c. La Ville Capitale de toute la Prouince est *Toulouse* l'vne des plus anciennes

& des plus grandes de l'Europe, elle pretend ne deuoir ceder qu'a Paris en grandeur & en rang; Le commerce qu'elle fait au moyen de la Garonne la rend vne des plus riches du Royaume: elle a vn Archeuesché, vn Parlement, vne fameuse Vniuersité & d'autres prerogatiues. Son Parlement est estimé le second de France soit pour son institution soit pour son estenduë; ses belles Eglises, son beau Pont qui passe pour vne des merueilles du Royaume, son Hostel de Ville & ses Moulins du Basacle sont beaucoup estimés par ceux qui les ont veus: les Histoires font foy de l'Or de Toulouse, comme il fut assemblé & caché en forme de meules par ses anciens peuples & comme la decouuerte en fut fatale à ses Autheurs. *Alby* est considerable pour la richesse de son Euesché, & pour les peuples Albigeois contre qui la guerre fut faite sous Philippe Auguste, sous Loüis VIII. & sous Loüis IX. *Castres* à vne chambre de l'Edit. *Carcassone* est double ville l'vne deça l'autre de-la l'Aude &

toutes deux beaucoup fortes: la Haute est vn ancien Comté, accompagnée d'vn fort Chasteau: les draps de Carcassone sont en estime de bonté & appellés de *Saptes* d'vn bourg voisin. *Narbone* est considerable pour son commerce, pour les belles antiquités Romaines qui sont en ses murailles & en ses autres endroits, & pour les belles fortifications que l'on y a fait comme à l'vne des plus importantes places de la France : elle a esté le sejour de quelques Roys Goths & depuis elle a eu ses Vicomtes qui ont faict battre monnoye. *Beziers* est vn agreable sejour. *Montpellier* ancienne Seigneurie à vne chābre des Comptes, & passe pour la deuxiesme ville de la Prouince : bien que 36. Eglises ou Conuents y ayent esté ruinés pendant les dernieres guerres, elle ne laisse pas d'estre belle & pleine de maisons ; son escole de Medecine & ses poudres de senteur sont assés connües dans toute l'Europe. *Nismes* est renommée par sa manufacture de Serges, par les restes de son Amphitheatre, & par ses autres

I v

Antiquités. *Vzes* à trois Chasteaux l'vn au Roy, l'autre à son Euesque & le troisiesme à son Duc. *Lodeve* a son Euesché bien noble puisque 800. Gentilhommes ont releué de son Euesque. *Beaucaire* & *Pezenas* ont de bonnes foires. *Le Pont S. Esprit* est important à cause du passage du Rhosne sur son beau Pont composé de 35. grandes Arches & de 29. petites arcades ou fenestres. *Leucate*, *Brescou*, *Peccais*, & le *Mas de Cabardez* sont places fortes : *Grisoles* est connu pour sa bonne fabrique de ciseaux : *Balaruc* pour ses bains ; *Frontignan* pour son bon muscat : *Galhac* & *Limouth* pour leurs vins blancs : on remarque de celuy de Galhac que bienque l'on en ayt pris par excez on à tousiours vne bonne heure de temps pour se retirer : *Bagnols* pour ses vins clairets ; *Villeneuue* proche d'Auignon pour sa fabrique de monoye : *Le Pont du Gard* pour sa structure ; il est l'vne des belles antiquités de l'Europe, ayant trois ponts voutés l'vn sur l'autre dont le plus haut seruoit de conduit d'eau d'Vzes à Nifmes. Le Pont S. Nicolas est le grand paſſage pour aller de l'vne à l'autre de ces deux villes. *S. Prinas* proche d'Vzes eſt connu pour ſes meules d'Emouleurs; *Salverat* pour ſon bon beurre. *Laurac* donne ſon nom au pays de Lauragais ou il y a grand nombre de Cailles & d'Ortolans en la Saiſon : *La Cannette* a vne miniere d'Argent en ſon voiſinage; le petit pais de *Corbieres* fournit des laines tres fines, *Lunel, Sommieres* & *Anduze* n'ont plus les fortes murailles qu'elles ont eu, *Maguelonne* a eu l'Eueſché qui eſt aujourdhuy à Montpellier.

Quant à ce qui eſt des Seigneuries le *Dounezan* eſt vne petite ſouueraineté qui depéd du Gouuernemét de Foix. *Vzes* & *Puylaurens* ont titre de Duché. *Ambres, Seiſſac, Portez, Marquerose* & *Cornonteral* font Marquiſats, celuy ci ſous le nom de Vignoles. *Touloufe* eſt le plus fameux Comté de meſme que *S. Gilles* autrefois titre des Comtés de Languedoc & aujourdhuy grand Prieuré de l'Ordre de Malthe. Les autres Comtés ſont *Caſtres, Alais,*

Carmain, autrement *Cramail*, *Graulhet* ou il y a vne des plus belles maisons de Languedoc *Brassac*, *Rieux* proche de Carcassone, *Clermont de Lodeue*, *Montferrand*, *Mauguio*, &c. Il y plusieurs Vicomtés *Narbone*, *Beziers*, *Auriac*, *la Crozille*, *Renier*, *Villemur*, *Anbijon*, *Lautrec*, *Montfa*, *Paulin*, *Ambilet*, *S. Geruais*, *Felix* proche de Lodeve & *S. Bonnet* dit des vignolles. *Ganges* est vne ancienne Baronie, *Verdale* a donné des grands Maistres à l'Ordre de Malthe, *Leui* porte le nom d'vne des anciennes Tribus de la Terre Sainte, & les Seigneurs de Leui disent qu'ils descendent de la famille de la Vierge.

 Plusieurs Batailles ont esté données en Languedoc celle de *Carcassone* l'an 588. a esté perduë contre les Gots sous Clotaire II. Celle de *Rabastens* l'an 1381. Sous Charles VI. fut donnée entre le Duc de Berri & le Comte de Foix. Celle de *Villemur* l'an 1542. fut gagnée par les Troupes Royales sur celles de la Ligue commandées par Ioyeuse qui se noya dans le Tarn.

Celle de *Castelnaudarri* l'an 1632. ou fut pris le Duc de Montmorenci : & enfin celle de *Leucate* l'an 1637. ou les Espagnols furent honteusement chassés de leur retranchements par l'armée du Roy.

Le païs de Foix est vn gouuernement particulier voisin des Pyrenées, il a des Carrieres de tres beau Marbre & quelques Mines d'argent; ses anciens Comtes ont esté beaucoup renommés dans nos Histoires. Ses Habitans ont de beaux priuileges & des exemptions bien considerables : Ils sont hautains & la pluspart Bandits : la ville de *Foix* est sur la riuiere de *l'Auriege* & non loin de celle *d'Arges* toutes deux ainsi nommés de l'Or & de l'Argent que l'on y a quelquefois trouué elle est le siege du Senechal du païs. *Pamiers, Castrum-Apamia* est diuisé en 6. quartiers qui ont tous leurs Consuls & leurs armoiries particulieres. *Mirepoix* a ses Seigneurs qui se disent Maréchaux de la Foy, depuis qu'vn de leurs predecesseurs de la maison de Montfort combattit les Albigeois & les ennemis de nos Roys : les autres places moins considerables sont *Mazeres* auec Chasteau qui a cy-deuāt esté la demeure des Comtes du Païs. *Sauerdun* composé de quatre petites villes, la pluspart en ruines. *Tarascon* different de celuy de Prouence. *Vic de Sox* d'ou l'on tire le meilleur fer de France. *Acs* y est renommé pour ses bains chauds & pour ses couleuures qui n'ont pas de venin ; *Cha'abre* pour son beau Iayet ; *Bellestat* proche de la source de Lers, pour sa fontaine qui a flux & reflux. Outre le Comté de *Foix* & le Marquisat de Mirepoix, il y a en ce païs les Vicomtés de *Rabat*, de *Leran*, & de *Monsegur*, la Baronie de Pallieres &c. Le Rang des quatre villes maistresses du Comté de Foix est tel, Foix, Mazeres, Tarascon, & Sauerdun.

LES CEVENNES.

Les *Cevennes* sont des hautes Montagnes au Septemtrion du Languedoc, auec plusieurs mines de plomb & d'estain : elles ont cy deuant serui de borne à la Gaule Narbonoise & aujourdhuy elles communiquent leur nom au *Viuarais*, au *Giuaudan* & au *Vellay* qui font partie du Grand Gouuernement de Languedoc. chacune de ces trois Prouinces tient ses Estats en particulier apres la tenuë de ceux du Languedoc: *Viuiers*, *Mende*, & le *Puy* en sont les Villes capitales, & sieges de trois Euesques qui se disent Comtes du Pays: celui de Viuiers prend pareillement le titre de Prince de *Donzere* & de *Chasteau Neuf du Rhosne* en Dauphiné. Le *Viuarais* s'estend le long du Rhosne par l'espace de 24. ou 25. Lieües depuis le 43. Degré 45. Minutes de Latitude iusques au 44. Degré. 45. Minutes. Son estenduë d'Occident en Orient est seulement de 18. Lieuës entre le 25. & le 26. Degré de Longitude. Il y à haut & bas Viuarais suiuant le cours de la Riuiere, auec plusieurs vignobles qui fournissent d'excellents vins, *Annonay* & *S Agreue* sont dans le Haut, *Viuiers* est dans le Bas, dans le voisinage de Viuiers est *la Roche d'Aps* que l'on tient estre l'ancienne *Alba-Helviorum*.

Ville neuue-le-berg est la capitale de ce qu'ils nomment *les Botieres*, *l'Argentiere* est proche du petit païs de *Borne* qui tire son nom d'vne place de mesme appellation. *Rioutor* est considerable par le commencement de *la Loire* qui naist quelques lieües au dessus, les autres Riuieres sont *Lardeche* & *l'Erieu*. *Soyons* est principauté, *Ioyeuse* Duché. *Annonay*, *Peraut*, *Montlaur*, Marquisats: *Tournon*, *Brion*, *Crussol*, *la Voulte*, *le Roure*, *Aps* & *S. Remy*, ont titre de Comtés: *Beaune* & *Priuas* ont celui de Vicomté, On fait estat de vnze ou douze Baronies, dont les plus connües sont *le Cheylar*, & *Aubenas*. Les païs voisins du Viuarais sont le Vellay & le Giuaudan vers le Couchant, le Languedoc vers le Midi, le Dauphiné vers le Leuant; & vers le Septentrion vne partie du Forez. La Loyre y a sa source & trois lieües plus bas vn Pont de pierre si petit qu'vne Dame Françoise ayant posé les pieds sur vn Bassin d'Argent pour le passer fit croire à des Italiens qu'elle auoit passé la Loyre sur vn Pont d'Argent.

Le Giuaudan à presque la mesme grandeur & la mesme latitude que le Viuarais, sa longitude est plus Occidentale entre le 24. & 25. Degré. il est comme enfermé de hautes montagnes ou le *Tarn*, le *Lot*, la *Truere*, & *l'Allier* ont leur source, il touche le Roüergue vers l'Occident, le Languedoc vers le Midy, le Viuarais & le Vellay vers l'Orient & l'Auuergne vers le Septemtrion, on en fait pareillement vne haute & vne basse partie. Le Pape Vrbain V. doibt sa naissance à cette prouince. La ville de *Mende* est tres ancienne quoyque ceux du pays veulent faire passer *Ianoux* pour l'*Anderitum* la metropolitaine des Peuples *Gabali*. *Marenge* ou *Maruciols* tient le second rang: *Barres* à de bonnes foires; *Randon* est connu dans l'histoire par la mort du Connestable de Guesclin : les principales seigneuries du pays sont *Canillat* Marquisat, *Achier* Comté, *Greze* Vicomté, *le Cheyla* Baronie, *Toirax* qui a fourni de nostre temps, vn grand Capitaine à la France.

Le *Vellay* est entre le Giuaudan, le

Viuarais, le Forez, & l'Auuergne: Il est long de 16. ou 18. lieües depuis le 24. Degré 45. Minutes, iusque au 25. D. 45. M. de longitude, la plus grande estenduë du Midi au Septentrion est de 13. ou 14. lieües depuis le 44. D. 20. M. de latitude iusques au delá des 50. Minutes du mesme Degré. *Le Puy* la capitale du pais est estimée la plus grande du Languedoc apres Toulouse: plusieurs y vont faire leur deuotion à Nostre Dame. lorsque l'on diuise le Vellay de-çà & de là les bois *Montfauçon* est au dela, & *le Puy* en deçà, dans le voisinage du Puy est le Vicomté de *Polignac*.

LE DAVPHINE'.

Au lieu que les Seigneurs portent d'ordinaire le nom de leur Pays, le *Dauphiné* porte celuy de ses Anciens Seigneurs les Dauphins, qui ont pareillement fait nomer *Chasteau-Dauphin* vne place frontiere du Marquisat de Salusses: On dit aussi *Dauphiné de Viennois* à la difference du Dauphiné d'Auuergne qui se trouue en la Limagne aux enuirons d'Aigueperse. Les Fils Ainés de Nos Roys portent le tiltre de Dauphins, depuis l'an 1343. que le Dauphiné fut cedé à la Couronne de France. Cette Prouince est l'vne des plus grandes du Royaume, & l'vn de ses douze grands Gouuernements: sa longueur est bien de 50. lieües, sa largeur de 45 & dauantage: Sa partie plus Occidentale commence enuiron le 26. Degré de longitude, sa plus Orientale approche le 29 sa Latitude est de deux Degrés depuis le 43. & demi iusques au 45. & demi. Cette Estendüe & les Assietes differentes du pays en rendent les qualités diuerses: *la Haute partie* se ressent de la montagne & nous enuoye beaucoup de ses Marchands qui dans la petitesse de leur Boutique renferment souuent de grandes Richesses. La *Partie Basse* est plus fertile & plus agreable, habitée d'vn peuple poli & subtil. On y recüeille de la Manne en plusieurs endroits. La Noblesse y a tousiours esté en estime de vaillance & quelquefois appellée l'Ecarlate de la Noblesse de France. Les Pays du Haut Dauphiné sont le *Gresiuaudan*, le *Brianconnois*, l'*Embrunnois*, le *Gapençois*, le *Diois*, & les *Baronies*, Ceux du Bas sont le *Viennois* & le *Valentinois*. Le *Tricastin*. le *Royanez*, le *Chamsaur*, le *Rozanois*, le *Vercors* & le *Trieve* sont peu connus à cause de leur petitesse. Le Rhosne separe le Dauphiné de la Bresse vers le Septemtrion; il le separe du Lyonnois & du Viuarais vers le Couchant; le Comtat d'Auignon & la Prouence luy demeurent vers le Midi, l'Italie vers le Leuant & la Sauoye vers le Leuant d'Esté. La Riuiere d'Isere passe à Grenoble & reçoit le Drac dont les debordements sont souuent dommageable à cette ville Capitale. Pres du lieu ou elle se rend dans le Rhosne, Fabius Maximus Capitaine Romain defit autrefois les *Allobroges* anciens habitans d'vne partie du Dauphiné. La Durance à sa source aux pieds des Alpes, la Guie, le Pin, la Droune, Aygües, & autres se rendent dans le Rhosne. *Grenoble* à vn Parlement, vne Chambre des Comptes, & vn Euesché dont l'Euesque precede les Archeuesques de Vienne & d'Embrun aux Estats du Pays: Elle doit son agrandissement & ses belles fortifications au Connestable de Lesdigueres. Il y à en son voisinage beaucoup de lieux remarquables, *la Grande Chartreuse* est chef de son Ordre, *le fort de Barraux* fait front, à la forte place de Montmelian en Sauoye. *Pont-Charra* est fameux pour la belle victoire du Connestable de Lesdigueres remportée sur les Espagnols & Sauoyards l'an 1591. à *Nostre Dame de Barme* est vne cauerne auec un Lac Sousterrain que l'on n'a jamais pû reconnoistre: à *Vif* est vne Fontaine dont l'eau semble boüillir à grosses ondes toutes couuertes de flammes: *Vizille* est vne belle Maison, & tout proche est le plus beau Iardin du Monde auec pres de cent maisons de Gentilhommes fort anciennes & bien basties en l'espace de 5. a 6. lieuës. Le Roy Loüis XI. qui s'estoit plû à remarquer les Raretés du Dauphiné a tesmoigné qu'vne de ces maisons auoit la meilleure Espée qu'ó sçeut trouuer, appellant l'Espée Terraille les predecesseurs du Cheualier Bajard dont vne place porte le nom. les curieux font pareillement estat de la *Montagne inaccessible* appellée pour sa figure le Mont Aiguille, de *la Tour sans venin* qui est vne mazure ou les animaux venimeux ne peuuent viure par vne vertu secrette ou du Terroir ou de l'Air, des Cuues & des Pierres Precieuses de Sassonage. Ces Cuues sont des concauités naturelles en vn Rocher ou elles marquent l'abondance ou la sterilité selon qu'elles se trouuét remplies. Les Pierres ont la vertu de chasser des yeux les festus qui les ont blessez. Briançon est estimé vne des plus hautes villes du Monde àcause de son assiete : ceux du pays ayant autrefois tué leur Noblesse furent comdamnés à 4000. Ducats d'amande. Quelques Montagnes y sont considerables, le *Mont Geneure* pour son passage en Italie, le *Pertuis Rostan* que l'on dit auoir esté percé par Hannibal, *le Montviso* ou le Po prend sa source. *Exilles* est vn fort Chasteau,

Oulx a veu ſes habitans pendant 40. ans trauailler à la coupe d'vne Montagne pour faire venir de l'Eau du Piemont.

Embrun eſt naturellement forte, & paſſe pour la pucelle du Pays. L'Archeueſque eſt Conſeigneur de la ville il a pretendu le droit de battre monoye: on y fait eſtat de pluſieurs reliques de Corps SS. & des riches ornements de ſon Egliſe. le Roy Loüis XIII. allant a Suſe eut agreable d'y prendre ſa place de Chanoine.

Gap & *Die* ont titre d'Eueſché, celuy cy vni à Valence. Dans le Gapençois *Veynes* eſt conſiderable pour ſes Foires, *la Sauſſe* pour la Fontaine ſalée & le Chaſteau de *Serres* par ſa forte aſſiete. *Die* a pluſieurs Antiquités, vn lieu voiſin nommé *Quint* conſerue encor la memoire d'vne meſure Romaine *à quinto lapide*, la place de *Luc* ſemble auoir eſté autrefois conſiderable par les ruines qui ſe voyent dans ſon Lac. On fait eſtat des Diamants & des Fromages de Die. *Le Buys* eſt la principale place des Baronies, la ville de *Nyons* y seroit inhabitable à cause des grandes chaleurs, sans le vent qui sort de la fente d'vne Montagne. *Aurel* a conserué le nom de sa mine d'Or.

La Ville de *Vienne* est vne des plus anciennes du Royaume, quelques vns y placent la maison de Pilate aussi bien qu'vn Lac de mesme nom en ses enuirons : les Lames de Vienne sont recherchées en beaucoup d'endroits pour leur bonté, les Eaus de la petite Riuiere de Gere contribuent à l'excellence de leur trempe. *Le Pont Beauuoisin* est la place la plus voisine de Sauoye. lorsque l'on diuise le Viennois en Haut & Bas, on met en celuy cy *Romans*, qui a beaucoup de raport auec la ville de Ierusalem & qui a serui autrefois de retraite aux Iurisdictions Royales exilées de Grenoble, *Thain*, *S. Marcellin*, *S. Anthoine* Mere Abbaye & *Beauuoir* Chateau ruiné, ancienne residence des Dauphins. *Valence* auec Citadelle donne son Nom au Duché de Valentinois ou il y a plusieurs petites Places qui ont autrefois

est

esté fermées : *Chabeüil, Chasteau Neuf du Rhosne, Donzere* & *Mondragon*, y ont titre de Principauté. *Valence* & *Crest* sont du haut Valentinois. proche de Crest l'an 1595. fut défait, & pris le Marquis de Montbrun qui fut ensuitte decapité comme rebelle au Roy. A l'occasion du siege de Livron, ce Seigneur auoit l'année precedente fait responseà vne lettre de sa Majesté auec peu de respect, aiant auancé que les Armes & le Ieu rendoient les personnes égales. *Montlimart* connu pour ses bons vins & *S. Paul - trois-chasteaux* sont dans le bas Valentinois. Outre les Seigneuries susnommées *Lesdiguieres* & *Chamsaur* ont titre de Duché. *Pont de Royans, la Baume, Brecieu, Montbrun, Gouuernet* sont Marquisats; *Albon, Grignan, la Suse* dite la Rousse, *la Roche* Comtés: *Tallart* Vicomté; *sainte Iaille* qui a donné des Grands Maistres à l'Ordre de Malthe, *Montauban*, *Montmaur* Baronies. *La Tour du Pin, Chandieu, Virenille, S. André, S, Bon-*

K.

net les Seigneuries plus confiderables. S. Bonnet eſt le lieu de naiſſance du Conneſtable de Leſdiguieres, memorable pour deux embraſemens qui arriuerent aux meſmes iours que naſquit & mourut ce grand Capitaine. *Montdragon & Grignan* ſont terres de Prouence.

LA PROVENCE.

La Prouence ainſi appellée par excellence, a conſerué ſon nom depuis les Anciens Romains qui en auoient fait vne Prouince auec quelques pays voiſins auparauant que d'auoir conquis les autres parties des Gaules: Elle auoit lors pluſieurs Peuples qui ſemblent auoir laiſſé leurs noms à la pluſpart des villes. Depuis elle a eu ſes Comtes particuliers de la Maiſon d'Anjou, dont la Tige eſt en Charles Frere du Roy S. Louys. Le Roy Louys XI. en a herité & pour en cõſeruer la Memoire, le Roy prend le titre de Comte de Prouence, de meſme que celuy de Seigneur de Forcalquier, dans les expeditions de son Conseil touchant cette Prouince. Les Patentes qui concernent la Prouence, & le Dauphiné, sont seelles en cire rouge : les autres se sont en cire verte, où en cire blanche & jaune. Louys XIV. heureusement regnant en est le 34. Comte. Le pays peut estre consideré en sa Haute Partie vers le Dauphiné, qui commence à se ressentir de la Montagne, & en sa Partie Basse vers la Mer. Il est distribué en plusieurs Vigueries & Bailliages pour la Iustice, les Vigueries, sont Aix, Tarascon, Yeres, Lorgues, Draguignan, Grace, & Forcalquier : Les Bailliages : sont S. Maximin, Barjoux, Aups, Brignole, Toulon, S. Pol, Sisteron, Apt, Digne, Moustiers, Castelane, Guillaume, Seyne, & Colmars : Il y a outre ce, le Val de Barréme, & les Terres adjacentes qui sont Arles, les Baux, Salon, & quelques petites places enclauées dans le Dauphiné ; Car pour la Ville de Marseille, elle est bien du Gouuernement de Prouence, mais elle n'entre pas aux Charges, ny aux Estats du Pays, qui sont tenus de trois en trois ans. Cette Prouince a le Languedoc à son couchant, le Dauphiné à son Septemtrion, le Comté de Nice appartenant au Duc de Sauoye, & à present estimé d'Italie à son Leuant, & la Mer Mediterranée à son Midy. La Riuiere de Rhosne semble seruir de bornes vers le Languedoc, & les Alpes vers l'Italie. pour le Comtat d'Auignon il est cóme engagé dans ses terres du costé du Couchant d'Esté, de mesme que la Principauté d'Orange en celles de ce Côtat. La Coste & le Bas Pays sont beaux à merueille, pleins de Vignobles, de plans d'Oliuiers, Figuiers, Amádiers, Meuriers, Orangiers, Citroniers, & Grenadiers qui ne se rencontrent pas volontiers au reste du Royaume, il y a mesme depuis quelque temps des Cannes de Sucre. Les Bois y ont ordinairement le Thym, le Rosmarin, la Sauge, le Geneurier, & le Mirthe,

& c'est de cette côtrée qu'on porte icy des Limonnes & gros Poncires, & des eaux de fleurs d'Orange & de Nafle. Il y à generalement toutes sortes de bons Fruits & sur tout des Figues, des Amandes, des Raisins, des Olines, des Capres, &c. Les meilleurs Sels, les plus douces Huiles & les plus delicieux Vins de France, des Bleds, & du Riz en quantité ; le Salicor dont on fait les verres, le Sauon, le Safran, le Vermillon, le Liege, la Resine, les Soyes, en sont pareillement transportés : & peu de Prouinces au monde fournissent tant de sortes de commodités. La Resine s'y recueille, des Pins qui sont masles, car pour les femelles elles ne produisent que des Pommes & des Pignons. On n'y reconnoist presque pas d'Hyuer, la geleé y estant tres rare.

Les Prouenceaux & sur tout les Marseillois passent pour les meilleurs gens de Mer de toute la Mediterranée, leur commerce se fait, à Constantinople, en Alep, au Grand-Caire, en Alexandrie, & en tous les Pays qui sont proche de cette Mer; c'est par leur moyen que nous recouurons en Fráce des Chevaux Barbes, des Tapis, des Cottōs, des Camelots, & autres riches estoffes de Turquie de Perse; du Musc, de l'Ambre-gris, du Corail du Succre, des Dattes, des Pignons, des Raisins de Damas & de Corinthe, & toutes les denrées de Leuant. La bonté de ses Ports facilite aux habitans ce grand trafiq & son assiette entre les 42. & 44. Degrés de Latitude, contribuë beaucoup à la fertilité du Pays, lequel d'Occident en Orient s'estend depuis les 25. & demi, iusques aux 29. Degrés de Longitude; ce qui luy donne plus de 60. lieues en sa plus grande longueur, & prés de 50. de largeur, desorte qu'il est le plus Oriental de toute la France, & vn des plus Meridionaux. *Aix*, est la capitale ville de la Prouince, auec toutes les prerogatiues & les charges eminentes du Pays, estant Siege de l'Archeuesque, d'vn Parlement, d'vne Chambre des Comptes, & du premier Senéchal, elle eſt colonie des Romains, & ſon ancien nom d'*Aqua Sextia* luy eſt reſté d'vn de leur Conſuls & de ſes bains. *Marſeille*, colonie des Anciens Phocéens eſt beaucoup riche, & bien peuplée en ſuitte de ſa belle aſſiette: ſon Port eſt ſi aſſuré que iamais Vaiſſeau n'y a fait naufrge, auſſi a-il touſiours eſté le plus ordinaire ſejour des Galeres Royales; La Ville plus qu'aucune autre de France à des Priuileges qu'elle a iuſques icy conſerué; ſes anciennes guerres, ſes colonies, ſa langue, ſon gouuernement, ſes meurs, & ſon eſcole l'ont renduë beaucoup conſiderable: ſes iſſuës ſont pleines de maiſons de particuliers qu'ils appellent Baſtides; *Noſtre Dame de la Garde*, eſt comme ſa principale Forterelle & les Chaſteaux *d'If, Ratoneau & Pomegüe* chacun en ſon Iſle defendent ſes aduenuës vers la Mer.

Arles eſt apllée Rome la Gauloiſe pour ſes Antiquités; elle eſt le ſejour d'vn Archeueſque & de pluſieurs Gentilhommes; elle a autrefois eſté la capitalle du Royaume de Bourgogne, qui en emprutoit le nom d'Arles: deux anciens Côciles y ont esté tenus.

La Camargue petit pays entre les Bras du Rhosne retient nom de Caius Marius Vainqueur des Cimbres & le Bourg de *Foz de Martegue*, celuy du Canal qu'il y fit faire, on y recüeille quelques bleds, mais le pasturage y est si excellent que ses Bœufs en viennent les plus courageux & les plus fiers de l'Europe. Le *Terroir de la Crau* quoy que voisin est tout pierreux ; on y rencontre neantmoins quelques Vins, du Vermillon & beaucoup de Simples.

Brignolle & *Apt* ont leurs enuirons qui produisent les plus excellétes Prunes de France. *Salon* est renommé pour la naissance du fameux Astrologue Nostradamus ; Toulon pour son beau Port capable de plus de 1500. Nauires & pour ses fortifications ; *La Cioutat* pour ses vins muscats & pour la fabrique des polacres *Fayence* preste son nõ à de belle Vaiselle & *Cotignac* à des côfitures, *Manosque* est à l'Ordre de

Malthe dont vn Commandeur prend à ce sujet titre de Bailly. *La Tour d'Aygues*, & *Beaugencier* sont les plus belles maisons du Pays; *Yerres & Berre* ont de fort belles Salines en leur voisinage, *Callian* à vn petit Pays, mais *S. Maximin* semble se preualoir sur tous ces autres lieux par les precieuses Reliques de plusieurs Corps Saints. L'Histoire porte que Emanuel Duc de Sauoye voulāt les auoir, assiegea la ville l'An 1590. pendant nos guerres ciuiles, & qu'elle fut genereusement defenduë par ses habitans commandés par vn Huguenot, apres auoir reçeu plus de 11000. coups de canons. *La Ste. Baume* est dans le voisinage auec la Grotte de la Magdelaine où cette Ste a fait penitence. Comme il y a eu grand nombre de peuples en cette Prouince, il y a aussi beaucoup d'Eueschés : *Aix* & *Arles* ont titre d'Archeueschés, & les Eueschés sont *Marseille* & *Toulon* sous Arles, *Apt, Sisteron, Riez* & *Frejus* sous Aix: *Digne, Senés, Glandeues, Grasse*, & *Vence* sont sous l'Archeuesché d'Em-

K v

brun qui est en Dauphiné. *Martegue*, & *Montdragon* y ont titre de Principautés ; *Villars* est vn Duché, *les Arcs, Trans, Simiane, Oraison, Grimauld*, & *Gordes* sont Marquisats; *Sault, Grignã, Carces* & *Boulbon* Comtés ; *Porieres*, Vicomté, *Senaset, la Gardie* Baronies. *Montdragon* & *Grignan*, se trouuent entre les terres du Dauphiné. les *Baux* ont eu autrefois leur Prince dont les Terres appellées Baussenques iouissẽt de plusieurs exemptions. Les Marquis de Trans tiennẽt aux Estats le premier rang parmy la Noblesse. Les Riuieres ny sont pas à la verité bien nauigables, participans beaucoup de la nature des Torrens, le *Rhosne* & le *Var* ne sont que sur ses confins, celuy-cy vers l'Italie & le premier vers le Languedoc. La *Durance* qui reçoit le *Verdon* entr'autres, l'*Arc* qui passe prés d'Aix & l'*Argës*, qui à son cours vers l'Orient tout contraire à celui de l'Arc, sont en suitte les plus considerables. Les plus renommés Caps ou Promontoires sont ceux de la *Croisette*, de *Sisiat* ou de *Cerciech*

& d'*Antibes*. Outre les Ports de Marseille & de Toulon que nous auons déja mentionnés, celuy de *Frejus* est remarquable, pour auoir autrefois esté le sejour de la Flotte d'Auguste, & pour ses beaux restes d'Antiquites Romaines. Les Isles d'*Or* ou d'*Yeres* sont les plus grandes qui soient sur la Coste, en sa partie la plus Meridionale, *Bregançon* auec sa forteresse ou il y à garnison & Gouuerneur est la plus importante: *If*, *Ratoneau* & *Pomegue* sont prés de Marseille, & celles de *Ste. Marguerite* & de *S. Honorat* vers l'Italie; celles-cy sont renommées dans ces dernieres guerres, par leur Prise & Reprise les années 1636. & 1637. en l'Isle S. Honorat il y à vne Tour bien remarquable pour sa force & pour sa grandeur, le Canon ne sçauroit la ruiner & plus de 400. hommes y pourroient loger commodement. on y pesche beaucoup de Corail.

Le Comtat d'Auignon des dépendances du S. Siege est enuironné de la Prouince vers le Midy & vers l'Orient, du Dauphiné vers le Septemtrion, & du Languedoc vers l'Occident, la Riuiere de Rhosne en faisant la separation; il commence au 26. Degré de Longitude, & peut auoir douze lieuës de Couchant au Leuant. Son estenduë de Midy au Septemtrion passe quinze lieuës & commence au 43. Degré de latitude, on luy donne aussi nom de *Venaissin* que quelques vns font venir de *Venatio* qui veut dire chasse. La ville d'*Auignon* est auptes du Rhosne & de la Durance, elle a esté le sejour de quelques Papes & aujourd'huy, elle est la premiere & la plus honorable legation de Rome, ses Murailles & les Tours sont tres belles à voir, son Pont sur le Rhosne a esté vn des plus beaux ouurages de l'Europe garny de 22. Arches, dont les 16. sont au Roy. Le nombre de sept est obserué en la pluspart de ſes grands edifices: ce meſme nombre a eſté remarqué en beaucoup de grandes Villes, Hieruſalem, Rome, & Conſtantinople ayant eu ſept Montagnes. On compte en Auignon ſept Paroiſſes, ſept Monaſteres, ſept Hoſpitaux, ſept Colleges, ſept Palais, ſept Places, ſept Portes, ce ſont ſept fois ſept. Les trois principales villes du Comtat apres Auignon, ſont *Carpentras*, *Cauaillon*, & *Vaiſon*, chacune auec titre d'Eueſché, *Vaucluſe* proche de la Riuiere de *Sorgues* eſt renommée par ſa Source & par les Vers de Petrarque: *Serignan* eſt vne Baronie & le premier Fief du Comté.

La petite *Principauté d'Orange* eſt longue de quatre lieuës, & large de trois, enuironnée du Comtat. Sa ville d'Orange eſt autant forte qu'elle eſt ancienne, ſon Cirque & ſon Arc de Triomphe témoignent ſon Antiquité, ſa Citadelle est des mieux bastionnée, les Princes de ce nom de la Maison de Nassau ont esté renommés dans ce Siecle par leurs belles actions.

FIN.

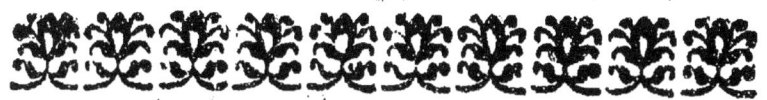

L'AVTHEVR A FAIT graver & imprimer plusieurs Cartes de Geographie.

LE Ieu du Monde.
Les Ports de Mer de l'Vniuers.
L'Amerique en 2. füeilles auec son Discours.
L'Afrique en 2. F. auec son Discours.
l'Asie en 2. F. auec son Discours.
Le Nouueau Monde ou les Indes Occidentales.
Le Canada, ou sont la Nouuelle France, la Nouuelle Angleterre, la Nouuelle Holande, la Nouuelle Süede, la Virginie auec les Nations voisines.
Les Isles d'Amerique, dites Caribes ou Cannibales & de Barlouento.
La Güaiane ou Costé Sauuage, autrement Eldorado & Pais des Amasones, ou France Equinoctiale.
La Nigritie & la Guinée.

Les Isles Terceres.

Les Isles Canaries.

La France en 2. Füeilles où sont décrites auec diuerses marques, toutes les Places qui ont quelque Prerogatiue ou quelque Particularité.

Le Ieu de France pour les Dames.

Le Diocese de l'Euesché d'Eureux en Normandie.

Le Diocese d'Aire en Gascogne.

La Coste de Gascogne.

La Güienne, Medoc, Saintonge & Aunis.

Le Duché d'Aigüillon.

Les XVII. Prouinces des Païs Bas, connues sous le Nom de Holande & Flandre.

Les Comtés d'Artois & Boulenois.

Le Hainaut & le Cambresis.

Le Duché de Luxembourg & la Souueraineté de Sedan.

Le Barrois.

La Sauoye & les Païs de Geneuois, Faussigni, Chablais, Morienne & Tarantaise.

L'Italie.

La Lombardie.

Le Montferrat aux énuirons du Po, où est le Cazalasc.

L'Alemagne ou sont decrits par diuerses marques les Estats, les Principautés & les Villes qui composent l'Empire auec toutes les Places qui ont quelque Prerogatiue, ou quelque Particularité,

La Boheme, Moravie, Silesie & Lusace.

La Pologne & les Estats qui en dependent.

La Grande Russie ou Moscouie.

Orbis Vetus.

Le Voyage d'Enée.

Ægyptus Antiqua.

Tabula Itineris decies mille Græcorum, sub Cyro contra Fratrem suum Artaxercem Regem Persarum : Eorumque reditus sub Xenophonte.

Expeditio Alexandri Magni per Europam, Asiam, Africam.

Pyrrhi Regis Epirotarum Expeditiones per Macedoniam, Italiam, Siciliam, & Peloponesum.

Imperii Romani Infantia ex Floro.
Patriarchatus Romanus, Constantinopolitanus, Alexandrinus, Antiochenus & Hyerosolymitanus, nec-non Veteres Ecclesiæ Metropolum Sedes.
Bætica ex Cæsare, siue Libri de Bello Hispanico, Tabula Geographica, &c.

A FAIT IMPRIMER plusieurs Liures & Traités de Geographie : entr'autres.

LA Connoissance, & l'Vsage des Globes & des Cartes de Geographie.
L'A. B. C. du Monde pour trouuer sur les Cartes Geographiques au moyen des Longitudes & des Latitudes, tous les Pays & les Prouinces, les Riuieres, & les Villes plus considerables & toutes les autres Places qui ont qu'elque prerogatiue ou quelque particularité.

L'Alphabet de la France pour trouuer sur les Cartes Geographiques toutes ses Prouinces, Villes, & les autres Places considerables.

L'Alphabet des Abbayes de la France.

La Description de la France & de ses Prouinces, ou il est traitté de leurs Noms anciens & nouueaux, Degrés, Estenduë, Figure, Voisinage, Diuision, &c.

Tables Geographiques de tous les Pays du Monde.

Memoires Geographiques de tous les Pays du Monde, auec plusieurs Obseruations Historiques.

Les Princes Souuerains de l'Vniuers, & les Estats des Princes de l'Europe.

Les Parties du Vieux Monde auec leurs Noms Anciens & Nouueaux. L'Asie Mineure, & ses lieux Memorables en l'Histoire. La Terre Ste. ses Noms, Diuisions & lieux Memorables en l'Histoire. La Grece Ancienne, &c.

Les Religions de l'Vniuers. Les Patriarchats & Anciens Sieges Metropolitains de l'Eglise Romaine. Les Archeuefchés & Euefchés de l'Vniuers. Defcription de l'Euefché d'Aire en Gafcogne.

La Geographie Déchifrée. Memoires Chronologiques depuis 1630. iufqu'à 1650. Kalendrier Topographique & Hiftorique depuis 1630. iufqu'à 1650. Les Cartes du Monde.

Le Voyage & la Defcription de l'Italie montrant exactement les Raretés & chofes remarquables qui fe trouuent en fes Prouinces & en chaque Ville ; les Diftances d'Icelles auec vn denombrement des Places & des Champs de Batailles qui s'y font données.

La Relation du Voyage fait a Rome, par Monfieur le Duc de Büillon en l'Année 1644.

Toutes ces Cartes & ces Liures se
distribuent Chez l'Autheur, qui sur
iceux monstre

LA
GEOGRAPHIE,

& qui communique plusieurs Memoires & Cartes Manuscrites des Provinces de France, & de ses Frontieres.

sa Demeure est

Ruë S. Loüis proche du Palais, entre le Pont S. Michel & la Ruë Ste Anne, à l'Epée Royale, Premieres Chambres.

Quelques fautes suruenües en l'Impreßion.

Page 27. ligne 2. Maſillac *liſez* Marſillac
Page 28. ligne 17. Buillan *liſez* Büillon
Page 28. ligne 25. Chatres *liſez* Chartres
Page 35. ligne 2. Ce *liſez* Ces
Page 56. ligne 19. Chuune *liſez* Chaune.
Page 57. ligne 7. 151. *liſez* 1551.
Page 63. ligne 14. deliés *liſez* del icé.
Page 65. ligne 13. du *liſez* de
Page 76. ligne 15. Beauais *liſez* Beauuais
Page 125. ligne derniere le Lu *liſez* le Luc
Page 158. ligne 2. Sancion *liſez* Sancoin
Page 199. ligne 9. Lodeüe *liſez* Lodcve.
Page 204. ligne 8. { Anbijou *liſez* Aubijou
                   { Pauliu *liſez* Paulin
Ibidem ligne 25.   { Ses *liſez* Les
Page 207. ligne 13. Canillat *liſez* Canillac.

S'il y a quelques autres fautes, elles ne ſe trouueront pas bien conſiderables, les noms Géographiques ayans eſté corrigez avec le plus d'exactitude qu'il a eſté poßible.

www.ingramcontent.com/pod-product-compliance
Lightning Source LLC
Chambersburg PA
CBHW070525170426
43200CB00011B/2331